길게 말하면 미움받는다

옮긴이 양필성
일본공업대학교 건축학과를 졸업하고, 중앙대학교 신문방송대학원에서 출판미디어를 전공했다. 출판사에서 기획·편집 일을 하던 중 번역의 세계에 발을 딛게 되었다. 현재 다양한 분야에 관심을 가지고 출판 기획자와 전문 번역가로 활동 중이다. 옮긴 책으로 『내가 미래를 앞서가는 이유』, 『이것은 사업을 위한 최소한의 지식이다』, 『평생 돈 걱정 없는 아이로 키우는 부자 수업』, 『그림은 금방 능숙해지지 않는다』, 『말을 못하면 들으면 된다』 등이 있다.

길게 말하면 미움받는다

초판 1쇄 발행 2024년 6월 20일

지은이 요코타 이사오
옮긴이 양필성
펴낸이 서재필
책임편집 김현서

펴낸곳 마인드빌딩
출판등록 2018년 1월 11일 제395-2018-000009호
전화 02)3153-1330
이메일 mindbuilders@naver.com

ISBN 979-11-92886-49-7 (03190)

• 책값은 뒤표지에 있습니다.
• 잘못된 책은 구입하신 곳에서 바꿔드립니다.

마인드빌딩에서는 여러분의 투고 원고를 기다리고 있습니다. 출판하고 싶은 원고가 있는 분은 mindbuilders@naver.com으로 기획 의도와 간단한 개요를 연락처와 함께 보내주시기 바랍니다.

26자로 표현을 완성하는 법

길게 말하면 미움받는다

요코타 이사오
지음

양필성
옮김

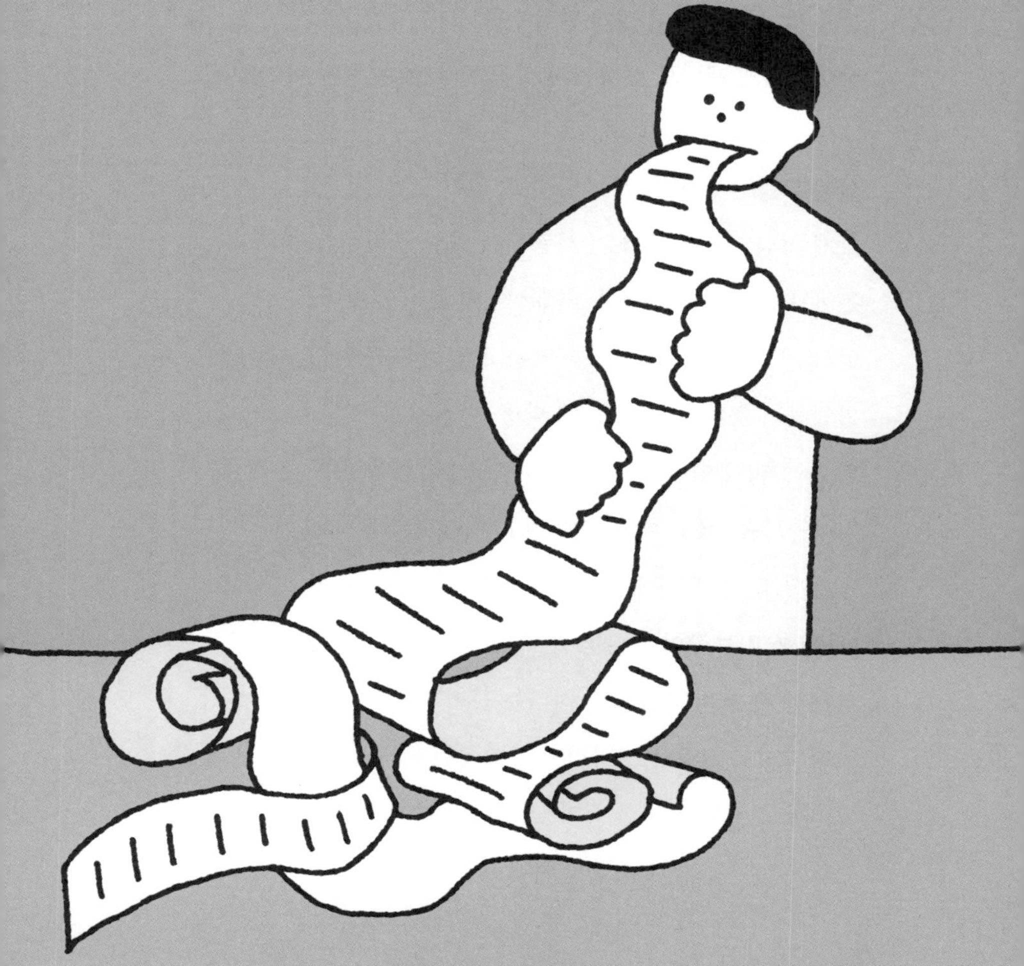

마인드빌딩

머리말

왜 길게 말하는 걸까?

'장황하게, 말이 길다.'

같은 말을 반복하며 **길게 말할수록**

상대방에게 제대로 전달되지 않고, 마음에 와닿지 않는다.

그렇게 생각한 적 없는가?

실제로 당신이 말이 긴 편일 수도 있고,

그게 아니더라도 말이 긴 사람에게 질린 경험은 있을 거다.

돌아보면 교장 선생님의 조례는 예외 없이 길었다.

항상 긴 훈시를 들었지만 기억하고 있는 말은 하나도 없다.

기억하지 못하는 건, 마음에 와닿지 않은 것.

일종의 '**비극**'이다. '말하는 사람'인 교장 선생님이

입에 거품을 물고 애를 쓰며 말을 이어나가도,

'듣는 사람'인 우리에게는 전혀 전달되지 않으니까.

'애만 쓰고 보람이 없다'라는 격언이 있다.

고생한 것에 비해 효과가 적다는 뜻이다.

안타깝게도 교장 선생님의 이야기에는 이 격언이 적용된다.

그러나 '전달법'에 관한 책이 넘치는 요즘에도 그런 일이 있을까?

교장 선생님 vs 바흐 회장

높은 직위 때문에 누구나 알아서 비위를 맞추는 교장 선생님은 누군가에게 지적받을 일이 없다.

현대 사회에서도 똑같은 일이 벌어진다.

2021년 7월 도쿄 올림픽 개회식.
우리는 그 '비극'을 목격[1]했다.

세계 최고의 무대에 나라를 대표하는 선수들이 모였다.
개회식에서 가장 높은 직위의 사람이 연설을 시작했다.
바로 세계의 이목을 한 몸에 받은 IOC의 바흐[2] 회장이다.
13분에 걸친 긴 연설을 기억하는 사람이 있을까.
아무도 막을 수 없는 기쁨에 취하여
아무도 기억하지 못할 긴 이야기를 이어나간 바흐 회장.
옛날 교장 선생님 그 자체였다.

---

1 2021년 7월 23일, 일본의 도쿄 올림픽 개회식 시청률은 56.4%였다. 비디오 리서치 조사.

2 토마스 바흐(1953년생). 독일의 전 펜싱 선수. 제9대 국제 올림픽 위원회 회장(2013년 9월~).

내가 바흐 회장을 지도할 기회는 없겠지만,

늘어지지 않고 '간단명료하게' 전달하는 법을 알고 싶은 누군가에게 힘이 되어주고 싶다.

모르면 손해 보는 최강 한 장 메모

"복잡한 전략을 한 장으로 정리하여
사람들을 움직이게 하는 캐치프레이즈를 만든다."
이를 위해 나는 마케팅 코치로서,
심플하게 지도하며 살아가고 있다.

'덧셈'으로 풍부하게 하고, **'뺄셈'**으로 정리한다.
'길게 늘어지는 말'을 줄여서, **'짧은 말'**로 만들어 효과를 낸다.

그러기 위해서는 **'어떤 요소'**를 **'어떤 순서'**로 전달해야 하는지
검증이 끝난 **'법칙'**이 존재한다.
카피라이팅 역사에서 오랜 시간 체계화된 법칙이지만
세상에는 거의 알려져 있지 않다.

그 **법칙**을 이 책에서는 **'한 장 메모'**라고 부르겠다.

'한 장 메모'에는 '세 개의 순서'가 있다.

이 책의 생명선이기도 한 **'한 장 메모'**.

6장으로 구성된 책의 어느 부분에서 공개할까 고민했으나

1장에서 빨리 공개하는 것이 좋을 것 같았다.

이 책을 읽은 독자들이 바로 실전에 사용해보길 바라는 마음이었다.

'장황한 내용'이 '간결하게' 전달되어 성과로 이어지도록,

'한 장 메모'를 바로 자신의 것으로 만들기를 바란다.

4개의 상황으로 설명한다

실전에서 성과로 연결되는 상황은 수만 번 준비되어 있다.

예를 들어,

▶ 영업·면담

▶ 프레젠테이션·회의

▶ 메일·채팅

▶ 광고·홍보

이런 상황에서 효과를 느낄 수 있도록 하기 위해서

이 책에서는 두 가지 방법을 제안하고 있다.

한 가지는 이 책을 두껍게 쓰지 않았다는 것.
책이 두꺼워지면 저자의 만족감은 높아질지 모르지만,
독자의 입장에서는 높은 산을 앞에 둔 것처럼 부담이 된다.

지금까지 집필한 책들은 그리 얇지 않았으나,
이 책은 '어떻게 하면 200페이지 이내로 정리할 수 있을까?'
이 질문을 출발점으로 시작했다.

'빼셈'에 '빼셈'을 거듭하여 200페이지 이내로 정리했다.
다만, 내용은 **얇지 않고 두껍다**고 자신할 수 있다.

이 책에 언급된 에피소드는 실명과 약간의 지엽적인 이야기가
섞여 있기는 하지만, 전부 실재하는 일이다.
클라이언트나 내 강의를 듣는 수강생과 실제로 현장에서 시험하고,
검증하여 이론화한 에센스를 모두 담았다.

또 한 가지 강조할 점은 **스토리 형식**으로 내용을 전개한 것이다.
추상적인 **'법칙'**을 구체적인 **'친근한 상황'**으로 바꾸어 설명한다.
당신 자신이 주인공이 되어 읽기를 권한다.
이야기의 주인공의 이름은 '아이무'다.

‘어떻게 전달할 것인가’라는 과제를 안고 있는 아이무를 ‘I’m(나)’로 치환하여 과제를 해결하길 바란다.

자, 그럼 시작해봅시다.

2022년 6월

마케팅 코치
요코타 이사오

차례

머리말
- 왜 길게 말하는 걸까?

제1장 한 장 메모, 한 장 순서
- 아이무, 전달 방법의 철판 법칙과 만나다

제2장 간결하게 전달하는 3가지 순서!
- 아이무, 전달하기 위한 준비의 중요성을 알다

등장인물

아이무 이치로

중견 콜센터에서 근무하는 34세. 승진을 꿈꾸며 열심히 일했지만, 전달 방식에 문제가 있어 승진하지 못하고 고민하는 중에 야시로를 만나다.

야시로

아이무의 회사에서 강의하는 외부 교육 강사. 오프라인과 온라인을 넘나들며 다양한 장소에서 아이무에게 지시를 내린다.

다나카

아이무의 상사. 아이무를 이해하면서도 승진 탈락을 전한다.

스즈키 아야

아이무의 스태프로, 업계 최대 기업 '커스터머 재팬' 출신이다. 아이무에게 뜻밖의 정보를 제공한다.

기타야마 사장

아이무의 영업처 사장. 후쿠오카현에서 건강 관련 통신판매 회사를 경영하고 있다.

미키바시

아이무의 고향 선배. 고깃집을 운영. 가게 홍보 문구를 아이무에게 부탁한다.

※이 책에 등장하는 인물, 단체, 명칭 등은 모두 허구이며, 실존 인물과는 무관합니다.

제1장

한 장 메모, 한 장 순서

아이무,
전달 방법의
철판 법칙과 만나다

봄 : 해후(邂逅)

3월 하순, 도쿄 시부야 20시.

쌀쌀하지만 벚꽃이 만개한 밤. 코로나 바이러스로 집에만 있어야 했지만, 밤 벚꽃을 구경하기 위해 나온 사람들로 거리가 북적였다. 구경을 마친 사람들은 추위를 녹이기 위해 번화가로 향했다.

밤 벚꽃을 볼 수 있는 공원과 번화가를 연결하는 간선도로를 가로지르는 긴 육교.

떠들썩한 사람들 뒤로 코트를 입은 한 남자가 육교의 난간 밖으로 몸을 내민 채 소리 죽여 흐느끼고 있었다.

"내 **전달 방법**이 그렇게까지 잘못됐다는 말이야……."

그의 뒤로는 벚꽃 놀이를 마치고 기분 좋게 역으로 향하는 사람들이 보였다.

금방이라도 육교 아래로 떨어질 것 같은 그의 모습을 아무도 신경 쓰지 않았다.

"어떻게 해야 전달할 수 있는 거냐고……."

육교 아래 꽉 막힌 도로에 앞으로 나아가지 못한 차들이 줄지어 서 있었다. 남자는 눈물을 흘리며 정체된 차들의 미등을 바라보면서 2주 전 그날을 떠올리고 있었다…….

✦

3월 중순.

아이무 이치로는 입사 후 처음으로 한숨도 못 자고 출근했다.

'기대'와 '불안'으로 마음이 요동쳤기 때문이었다.

오후에 있을 승진 내정 발표에 관한 '기대'였다.

업계에서 중간 정도 규모의 콜센터에서 어시스턴트 매니저를 맡고 있는 아이무는,

다음 단계인 매니저의 유력한 후보 중 한 명이었다.

코로나 사태로 인해 지자체에서 의뢰받은 일이 급증하여 콜센터는 호황을 누리고 있었다.

아이무 밑으로 세 명의 직원이 있었고, 그는 그들과의 소통이 원활하다고 자부하고 있었다.

지난해 승진은 시기상조라는 이유로 미뤄졌기 때문에 올해는 자신의 차례일 거라고 믿고 한껏 기대에 부풀어 있었다.

그러나 34세라는 나이가 '불안'이었다.

이직은 35세가 한계라는 풍문에서 비롯된 '35세[3] 한계설'이 나돌고 있었다.

이번에 매니저, 즉 관리직으로 승진하지 못한다면, 계절이 지나기 전에 이직을 통해서라도 승진해야만 했다. 오후 1시에 있을 발표만 기다리던 아이무를 상사 다나카가 조용히 불러냈다.

"잠깐 얘기 좀 할까?"

(오! 승진하는 건가?)

자연스레 입꼬리가 올라갔다. 재킷을 입고 회의실로 향했다.

다나카와 마주한 곳은 회의실이 아니라 작은 휴게실이었다. 평소 웃음을 잃지 않던 다나카의 표정이 굳어 있었다.

"아이무. 승진을 고대하고 있을 자네에게 미리 말할 게 있어."

아이무는 싸한 느낌이 들었다. 다나카는 괴로운 표정으로 시선을 피하며 말을 이어갔다.

"결론부터 말하자면, 이번에 승진은 없을 것 같아……."

말문이 막혀버린 아이무에게 다나카는 계속 말했다.

"이유……. 승진이 안 된 이유를 알고 싶겠지?"

아이무에게는 35살을 앞두고 배수의 진을 친 한 해였다.

"왜죠? 이유가 뭡니까? 제 목표도 거의 달성했고, 회사의 실적도

---

3 일본 후생노동성에서는 35세 미만을 '젊은이'로 정의하고, 장기근속 경력 형성 기간을 35세 미만까지로 하고 있다.

좋잖아요? 팀원들 관리에도 시간을 할애해 집중했고요. 승진이 안 될 이유가 없잖아요?"

다나카는 격양된 아이무가 진정되기를 기다렸다.

"이걸 좀 보게. 얼마 전 실시한 360도 평가 결과야."

360도 평가란 관리자 후보를 대상으로 하는 인사평가 제도다.

일반적인 인사평가는 주로 상사를 통해 이루어지는 데 반해,

360도 평가는 상사, 부하직원, 동료, 때로는 거래처의 파트너까지 여러 입장에서 한 사람을 다각도로 평가하는 시스템이다.

스스로 깨달을 수 없는 면모를 인식하게 된다는 점이 특징이다.

다나카는 그 평가표를 아이무에게 보여주면서 설명했다.

"여기에 자네의 두 가지 특징이 적혀 있어.

하나는 자기 평가의 격차야.

자네는 대부분의 자기 평가에서 스스로 만점을 주고 있어.

주변 사람들은 자네를 어떻게 평가하고 있을 것 같나?"

아이무는 자기 평가 항목에서 모두 최고점을 줬던 기억이 떠올랐다.

반대로 주변 사람들이 자신을 어떻게 평가할지는 그다지 신경 쓴 적이 없었다.

"주변이요? 5점이 아니면 4점 정도인가요?"

"안타깝게도 자기 평가와 주변 평가가 상이하네. 차이가 크지 않

으면 괜찮겠지만, 자네의 경우는 주변에서 2점으로 평가하고 있어. 즉, 자기 평가와 주변 평가가 3점이나 차이가 난다는 거야. 이 정도의 차이는 거의 찾아보기 힘들 만큼 드문 경우야."

믿을 수 없다는 표정을 하고 있는 아이무에게 다나카는 계속 말했다.

"충격적인가? 이게 자네의 첫 번째 특징이네. 주변 사람들의 평가에 비해 자신을 너무 높게 평가한다.

즉, 자기 긍정감이 너무 강하다는 것. 두 번째는……."

(모른다. 아무도 나를 몰라준다.)

아이무는 자기도 모르게 눈물을 흘리고 있었다.

"두 번째는……이건 다음에 말하기로 하지."

눈물을 멈추지 못하는 아이무가 안쓰러웠는지 다나카는 자리에서 일어나려 했다.

"아니요. 말씀해주세요. 오늘 전부 듣는 게 좋을 것 같아요."

"…두 번째로 자네에 대해 주변에서 입을 모아 평가한 키워드가 있어. 거기에 대해선 나도……."

한동안 침묵이 이어지자 아이무는 눈물을 닦고 다나카를 올려다보았다.

"그러니까 나도 똑같이 느끼는 건데, 듣고 싶나?"

아이무는 고개를 끄덕이며 다나카의 말을 기다렸다.

"그건 바로……."

'길다'가 의미하는 것

다나카가 침을 삼키며 입을 열었다.

"아이무에 대한 주변의 키워드. 그건……,

'**말이 너무 길다**'라는 거야."

아이무는 무슨 말인지 의미를 알 수 없었다.

'말이 길다'고 가끔 지적을 받긴 했지만, 주변의 저평가와 무슨 관련이 있는지는 연결되지 않았다.

납득하지 못하는 것 같은 아이무의 모습을 보고 다나카가 설명을 이어갔다.

"말이 길다, 그 자체는 하나의 현상에 지나지 않아. 무엇이 문제냐면 아이무 자네의 말은 명확하게 전달이 안 된다는 거야. 다시 말해, 무슨 말인지 **이해하기 힘들다**는 거지. 그건 제대로 된 일의 진행을 방해한다는 걸 의미하기도 해."

승진 탈락을 말할 때 눈을 마주치지 못했던 다나카는 이번에는 눈을 크게 뜨고 아이무를 정면으로 바라보고 있었다.

"예를 들어, 자네의 길게 늘어지는 말 때문에 회의가 길어지고, 의사결정이 힘들어지며, 관련 부서가 오해를 하는 등의 문제가 발생하게 돼. 코로나 사태처럼 재택 업무가 늘어났을 경우, 사람들과 만나지 않고 일을 하게 되는 경우가 많아진 상황에서는 더욱 치명

적이겠지."

아이무는 아직 무슨 말인지 감이 오지 않았다.

"그게 승진과 관계가 있나요?"

"큰 관계가 있지. 매니저가 이끌어야 하는 조직의 크기는 지금과 달리 훨씬 크다네. 리더의 말이 길고 이해하기 어려우면 그만큼 직원들을 혼란에 빠뜨릴 수 있어. 그게 승진하지 못한 큰 요인이야. 사람들은 길게 말하는 걸 싫어하는 사실을 잘 기억하길 바라네."

아이무는 마음을 가다듬고 다나카에게 물었다.

"그럼 어떻게 하면 짧은 말로 알기 쉽게 전달할 수 있을까요? 상사인 다나카 매니저님이 가르쳐주세요."

다나카는 사내에서 말을 잘하는 것으로 알려져 있었기 때문에 진솔한 이야기를 듣고 싶었다.

"그게, 어떻게 하면 전달 방법을 개선할 수 있을까. 사실 나도 설명하기 힘들어. 이 부분은 스스로 공부하길 바라네. 아무튼 오후 1시 승진 발표 전에 충격을 덜 받았으면 해서 알려주는 거야. 결과를 잘 받아들이고 4월부터 시작되는 새로운 회계연도에도 열심히 해줬으면 좋겠네. 내 말은 이상이네."

(그럼, 어떻게 해야 한단 말이야.)

다나카가 자리를 뜨고 나서도 아이무는 한동안 움직이지 않았다.

✦

'길다'에서 '짧다'로

얼마나 많은 사람이 육교 위에서 울었을까.

벚꽃을 보면 완연한 봄이었지만, 밤공기는 아직 차가웠다.

(회사를 그만둘까. 차라리 여기서 몸을 던져버릴까.)

그런 생각을 하고 있을 때였다.

역으로 향하는 사람들과 반대로 걸어가던 남자가 말을 걸어왔다.

"어? 자네는 혹시……."

1년 전 매니저 후보자를 대상으로 교육 강의를 했던 강사로, 아이무가 아는 사람이었다.

유난히 피부가 까매서 기억하고 있었다.

"야시로 선생님이시죠……?"

"그래요. 기억하시네요. 그 교육이 1년 전이었으니까 이제 매니저가 되셨겠네요?"라며 호탕하게 웃었다. 그렇지만 아이무는 얼굴을 마주 볼 수 없었다.

"선생님, 그게 말이죠……."

모깃소리 같은 목소리를 아무리 짜내도 말이 나오지 않았다.

순간, 몸이 크게 흔들렸다.

"천천히 이야기를 들어볼까나."

야시로는 아이무에게 어깨동무를 하고서 그를 끌고 갔다.

얼마 지나지 않아 재즈 음악이 흘러나오는 작은 바에 들어섰다.

목조 단독주택을 개조해 도심 속 바처럼 느껴지지 않았다.

실내는 난로가 켜져 있어서 따뜻한 기운이 포근하게 감싸고 있는 느낌이었다.

난로 위 멋진 주전자에서 김이 모락모락 피어오르고 있었다.

"자네, 이름이 아이무였지? 술은 먹을 수 있나? 괜찮아, 나한테 맡기게."

그렇게 말하며 야시로는 뜨거운 위스키 두 잔을 주문했다.

오랜 시간 동안 추위에 떨어서 그랬는지 몸과 마음에 위스키가 스며들었다.

끝이 보이지 않는 잡담에 첫 번째 술잔이 끝나고, 두 번째 술잔을 마시면서 아이무는 야시로에게 물었다.

"야시로 선생님, 많은 직원을 가르쳤을 텐데 어떻게 제 이름을 기억하고 계셨어요?"

(그거야, 우수한 사원이었으니 기억했겠지.)

아이무는 이런 답을 기대했지만, 완전 반대의 답이 돌아왔다.

"물론 모두를 기억하지는 못하지만 아이무 자네는 분명히 기억하고 있네.

왜냐하면 '말이 길다'라는 인상이 강했기 때문이야."

아이무는 깜짝 놀랐다.

1년 전, 겨우 몇 시간밖에 만나지 않았던 강사가 현재 자신의 고민을 꿰뚫고 있었다.

그로부터 몇 시간 동안 따뜻한 실내에서 뜨거운 위스키를 마시며 완전히 마음을 열고 지금까지의 모든 이야기를 털어놓았다.

그동안 야시로는 한마디도 하지 않고 가만히 귀 기울이며, 가끔 미소를 짓고 고개를 끄덕일 뿐이었다. 그렇게 아이무의 이야기를 한참 듣던 야시로가 말을 꺼냈다.

"전달 방법 때문에 고민하고 있는 것 같군.

승진이나 이직으로 고민하는 것 같은데 문제는 간단하다네.

'장황하게'에서 '간결하게' 전달하면 해결되는 문제라네."

"아니, 그게 어렵다는 겁니다.

상사도 해결책을 알려주지 않았어요. 어떻게 하면 좋을까요?"

"음, 그렇다면 '**철판 전달법**'이라는 방법이 있는데 알고 싶나?"

아이무가 고개를 끄덕이자 야시로는 테이블에 놓여 있는 냅킨 한 장을 꺼내 볼펜으로 무언가를 써 내려갔다.

"이게 '간결하게' 전달하기 위한 순서라네.

이걸 지키면 '길게' 말하는 것에서 졸업할 수 있을 거네."

냅킨에는 세 가지 법칙이 적혀 있었다.

솔직히 언뜻 보면 별것 아닌 것들이었다.

그 한 장의 메모가 아이무의 인생을 크게 바꾸게 된다.

전달 방법, 한 장 순서

아이무는 야시로가 건네준 냅킨 한 장을 보고 있다.

✓

① 대략적으로 정한다

② 공감, 납득, 행동 순으로 전달한다

③ 26자로 정리한다

"이게 뭐죠?"

"이게 '장황하게'를 '간결하게' 전달하는 순서네.

그럼 간단하게 설명해보겠네."

"야시로 선생님, 잠깐만요.

여기서 술은 그만 마시고 메모를 해도 될까요?"

아이무는 야시로의 가르침을 노트에 정리했다.

note

① 대략적으로 정한다

✓ 키워드

말하기 전에 '누구에게', '무엇을' 말할지 대략적으로 생각한다.

✓ 길어지는 원인

길게 말하게 되는 최대의 원인은 요점이 정해져 있지 않기 때문이다.

'누구에게', '무엇을' 말할 것인가?

말하기 전에 이 중심축을 제대로 정하지 않고, 말을 쏟아내면 말이 장황하게 길어지고 노력에 비해 전달하고자 하는 내용이 전혀 전달되지 않게 된다.

✓ 간결해지는 대책

말하기 전에 '대략적으로' 생각하라. 생각할 것은……

① 말할 상대는 '누구'?

② 말할 내용은 '무엇'?

'누구에게', '무엇을' 말할 것인가?

처음에는 메모를 하고 익숙해지면 머릿속으로 정하면 된다.

이걸 실천하는 것만으로도 길게 늘어지는 이야기를 간결하게 개선할 수 있다.

② 공감, 납득, 행동 순으로 전달한다

✓ 키워드

'공감', '납득', '행동'의 순서로 말한다.

✓ 길어지는 원인

전달이 되지 않는 이유는 말하는 순서가 엉망이기 때문이다. 잘 전달되는 말에는 '순서'가 있다.

가설이 아닌 검증된 이론

메모를 마친 아이무는 고개를 갸웃거리며 야시로에게 물었다.

"야시로 선생님을 의심하는 것은 아닙니다만, 왜 이 순서가 '길게'에서 '간결하게'로 되는 걸까요?"

야시로가 호탕하게 웃으며 대답했다.

"그렇군, 아직 믿기 힘들다는 거군. 사실 이 순서에는 근거가 있다네.

시장에 있는 고객을 개척하고 창조해나가는 마케팅이라는 기법이 있네.

그리고 그 안에서 고객과 커뮤니케이션하기 위해서 카피라이팅이라는 기술이 있지."

아이무는 열심히 메모를 했다.

“그 카피라이팅은 센스도 필요하지만, A/B 테스트[4]라는 검증을 통해 어떤 문구에 반응이 있는지 체계적으로 분석, 입증되었다네.”

아이무는 메모에 적힌 ‘**A/B 테스트**’를 두 줄로 강조했다.

“세 가지로 체계화할 수 있다는 것을 알 수 있네.

첫째, 대략적으로 전달한다.

말하기 전에 ‘누구에게’, ‘무엇을’ 얘기할 것인지 생각해야 하네.

둘째, 공감, 납득, 행동 순서로 전달한다.

전달에는 순서가 있고, 그것을 지켜야 한다는 것이네.

셋째, 26자로 정리한다.

메시지를 짧은 문장에 담아 여러 번 반복해야 하네.

이것이 냅킨에 적힌 내용이네.

그리고 **이것은 가설이 아니라, 거의 1세기 전부터 검증된 이론**이라네.”

야시로는 계속한다.

“전달하는 방법에는 크게 ‘말하기’와 ‘쓰기’ 두 가지가 있네. ‘말하기’는 입 밖으로 내뱉는 순간 이슬처럼 사라져버리지. 흔적이 없으니까. 하지만, ‘쓰기’는 흔적이 남지. 카피라이팅에서는 그 흔적이 남기 때문에 전달되고 울림이 있는 말이 이론화될 수 있는 거라네.

---

4 A/B 테스트는 일명 스플릿 런 테스트라고도 하며, 주로 두 가지 광고의 상대적인 효과를 측정한다. - Bob Stone·Ron Jacobs, 《Successful Direct Marketing Methods》, McGraw Hill

그 이론을 알고 있느냐, 모르고 있느냐에 따라 차이가 나지. 그 이론을 살려야 하지 않겠나?"

아이무는 야시로가 건네준 냅킨을 바라보고 있다.

"선생님. 저는 '길게'를 '간결하게'로 바꾸고 싶습니다. 그래서 직장인으로서 성장하고, 내년 이맘때에는 승진하고 싶습니다. 무리한 부탁인 줄 알지만 저를 코치해주실 수 없나요?"

한참을 고민하던 야시로가 고개를 끄덕였다.

"좋네. 자네 회사에서 직원 교육 강사 일을 하고 있으니, 사이사이 수업을 하도록 하지. 단, 자네만을 위한 코칭이니 비밀로 해야 하네.

그럼, 숙제를 내주겠네.

이 방법을 시도해보고, 실전에서 '장황하게'가 '간결하게'로 얼마나 달라졌는지 두 달 후 5월 말에 나에게 보고해주게."

야시로는 냅킨을 들고 흔들면서 이렇게 말했다.

그렇게 해서 1년간의 수업이 시작되었다.

칼럼

본질은 변하지 않는다

이 책에서 야시로가 말하는 검증된 이론이란,

마케팅과 카피라이팅의 세계적인 명저 3부작과 이를 포괄하는 저의 저서를 바탕으로 하고 있습니다.

· 세계적인 명저 3부작

▸ 밥 스톤·론 제이콥스, **《더 마케팅-기본편》·《더 마케팅-실전편》**, 초판 1975년[5]

▸ 존 케이플스, **《더 카피라이팅》**, 초판 1932년[6]

▸ 로버트 콜리어, **《전설의 카피라이팅 실전 바이블》**, 초판 1937년[7]

· 저서

▸ 요코타 이사오, **《최강 카피라이팅 바이블》**, 2016[8]

---

5 Bob Stone·Ron Jacobs, 《Successful Direct Marketing Methods》, McGraw Hill

6 john caples, 《Tested Advertising Methods》, Prentice Hall

7 Robert Collier, 《The Robert Collier Letter Book》, Reading Essentials

8 横田伊佐男, 《最強のコピーライティングバイブル伝説の名著3部作が1冊に凝縮！国内成功100事例付き, ダイヤモンド社, 2016

명저 3부작은 지금도 전 세계 독자들에게 사랑받고 있는 스테디셀러입니다.

주목해야 할 것은 세계적인 명저 3부작의 초판 발행 연도입니다.

가장 오래된 것은 **1932년.**

90여 년 전으로 거슬러 올라갑니다.

당연히 인터넷이나 스마트폰, 그에 따른 마케팅 등이 없던 시대입니다.

(그런 오래된 이론이 현재에도 통하겠어?)

이런 의문이 들지 않나요?

하지만 검증이 완료된 훌륭한 이론은 본질적이기 때문에 퇴색되지 않고 현재에도 그대로 통합니다.

믿을 만한 분의 말을 빌려보겠습니다.

1980년대부터 오늘날까지 최일선에서 활약하고 있는 보기 드문 콘텐츠 메이커가 있습니다. 작사가 겸 프로듀서인 아키모토 야스오[9] 씨입니다.

일본의 국민 가수로 불리는 미소라 히바리 씨의 '흐르는 강물처럼'의 작사, 오냥코 클럽, AKB48의 프로듀싱에 이르기까지, 무려 40년 이상 히트곡을 쏟아내고 있습니다.

---

9 1958년생. 방송작가, 작사가, 프로듀서

그는 한 인터뷰[10]에서 오랜 시간 동안 히트곡을 만들 수 있었던 비결에 대해 질문을 받았습니다.

"당신은 세대를 뛰어넘는 곡을 많이 만들었는데 젊은이들이 무엇을 생각하고 있는지 어떻게 파악하나요?"

당시 62세였던 아키모토 씨는 어떤 답변을 했을까요?

일반적으로 나이가 들수록 젊은이들의 트렌드를 읽어내는 감각이 떨어지기에, 저는 잔뜩 기대를 가지고 그의 답을 기다렸습니다.

미안한 말이지만, 초로에 접어든 아저씨가 어떻게 젊은이들의 공감을 얻는 히트작을 연달아 만들어낼 수 있는지 궁금했습니다. 아니, 세상에 나와 금방 사라져버리는 '한탕주의'와의 차이는 무엇일까에 대해 알고 싶었는지도 모릅니다.

아키모토 씨는 "내가 지금 62세인데 어떻게 10대의 젊은이들이 좋아하는 가사를 쓸 수 있느냐라는 질문인 것 같은데"라고 운을 떼며 이렇게 대답했습니다.

"아무것도 변하지 않았다."

이 발언의 요지는 이러했습니다(이하 아키모토 씨의 발언을 요약).

"옛날에는 **'좋아한다'**라는 마음을 전하기 위한 수단이 **'러브레터'**였어요. 그것이 **'삐삐'**[11]가 되었고, 지금은 **'이메일'**이나 **'SNS'**가 되었죠.

---

10 출처 : 야후! 뉴스 오리지널 REDChair '행복은 냉장고에 남은 음식으로 만드는 요리에 있다' - 아키모토 야스오가 말하는 스타, 히트, 자신(2021년 7월 4일 방송)

11 무선 호출 단말기 포켓 벨의 별칭

'삐삐가 안 울려서'[12]는 지금이라면 '메신저가 안 와서'가 되었을지도 모르겠네요.

도구는 **바뀌었지만, '좋아한다'**라고 말하고 대답을 기다리는 기분은 예나 지금이나 **변하지 않았다**고 생각해요.

'줄기'인 본질을 잃지 않고 시대의 '가지와 잎'을 주어서, 꽃을 피워가기만 하면 몇 살이 되든 시장과 고객이 원하는 것을 만들어낼 수 있어요."

이 인터뷰는 '**수단은 바뀌어도 본질적 이론은 변하지 않는다**'라는 강렬한 가르침이 되었습니다.

그리고 아키모토 씨의 말은 사실 대선배가 먼저 글로 남겨놓은 말이기도 합니다.

배우 마쓰오 바쇼가 남긴 '**불역유행(不易流行)**'. '**바뀌지 않으면서 변한다는 뜻으로, 언제까지나 변하지 않는 본질을 지키면서도 시대와 상황에 알맞게 새로운 것을 받아들인다**'라는 의미입니다.

뛰어난 본질적 이론은 변하지 않습니다.

'변하지 않는 이론'에 **'당신밖에는 그릴 수 없는 말'**을 더하면 달라질 것입니다.

---

12 1993년 아키모토 씨의 기획으로 '삐삐가 안 울려서'라는 텔레비전 드라마, 오프닝 곡이 만들어졌다.

제2장

간결하게 전달하는 3가지 순서!

아이무, 전달하기 위한 준비의 중요성을 알다

초여름 : 훈도(薰陶)[13]

5월 초순.

황금연휴가 끝나고 무더위를 예고하는 날들이 이어졌다.

반소매 차림으로 출근하기 시작한 아이무는 바쁘게 움직이고 있었다.

매니저 승진에서는 고배를 마셨지만,

자신이 관리하고 이끄는 직원은 3명에서 5명으로 늘어났다.

늘어난 인원은 고작 2명이지만, 요즘 들어 상사 다나카가 했던 말이 자주 가슴에 꽂혔다.

"리더의 말이 길고 이해하기 어려우면 직원들을 혼란에 빠뜨릴 수 있다."

실제로 이끄는 조직이 커지자,

자신의 말이 길어질수록 직원들에게 제대로 전달되지 않아서

결과적으로 큰 오해가 생겨 업무에 지장이 생겼다.

자신의 과제를 '장황하게'에서 '간결하게' 전달하는 것으로 초점을 맞춘 것은 3월 말이었다.

---

13 덕으로써 사람의 품성이나 도덕 따위를 가르치려고 길러 선으로 나아가게 함

오늘 밤은 두 달 전 야시로와 약속한 보고의 날이었다.

그날 이후로 기회가 있을 때마다 야시로가 준 냅킨을 보려고 애썼지만, 최근에는 그럴 기회가 점점 줄어들고 있었다.

냅킨 한 장에 적힌 절차가 너무 단순하고 추상적이어서,

실제 직장에서 구체적으로 어떻게 적용해야 하는지 이미지가 떠오르지 않았기 때문이다. (오늘 밤 보고, 어떻게 하지?) 그러는 사이 약속한 오후 6시가 되었다. 야시로는 한 달에 한 번씩 진행되는 임원 교육을 위해 회사에 왔다. 교육에 사용되는 회의실은 토론을 가시화하기 위해 벽면 전체가 화이트보드로 되어 있었다. 야시로는 아직 수강생들의 열기가 남아 있는 회의실에서 쉬고 있었다.

"오! 왔나. 그럼 시작할까?"

"야시로 선생님……. 죄송합니다.

내주신 숙제를 거의 시도조차 못했어요."

야시로는 호탕하게 웃으며 밝게 꾸짖었다.

"지난 두 달 동안 뭘 하고 있었나!"

아이무는 실제 직장에서 구체적으로 어떻게 적용해야 하는지 이미지가 떠오르지 않는다는 것을 솔직히 얘기했다.

"아이무, 자넨 최종 목표에서 역산하는 사고가 부족하군."

아이무가 머리를 쥐어뜯고 있는 동안 야시로는 회의실 화이트보드에 무언가를 그리기 시작했다.

[전달 방법을 실천하는 4가지 장면]

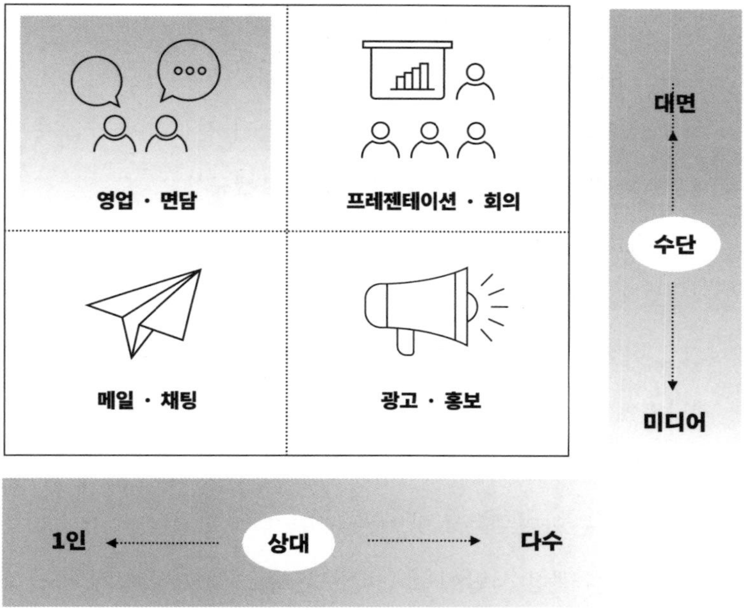

"이 그림을 설명해보겠네.

왼쪽 위는 한 명의 상대에게 대면으로 전달하는 '**영업·면담**'

왼쪽 아래는 한 명의 상대에게 미디어를 통해 전달하는 '**이메일·채팅**'

오른쪽 위는 다수의 상대에게 대면으로 전달하는 '**프레젠테이션·회의**'

오른쪽 아래는 다수의 상대에게 미디어로 전달하는 '**광고·홍보**'

이 4가지 상황에서 사용하는 것을 상상해보게."

(4개의 상황 모두 실무에서 사용할 수 있겠네.)

그렇게 생각하고 있는데 야시로가 확인했다.

"하지만 오른쪽 아래의 광고, 홍보는 작가나 전문직에 가깝기 때문에 아이무에게는 익숙하지 않을지도 모르겠군."

"아니에요. 콜센터 상담원 모집 광고가 제 업무여서 회사에서 사용해보고 싶어요."

"그럼 이 4가지 상황에 적용하는 것을 목표로 삼도록 하고,

지난번에 알려준 순서에 관해 좀 더 자세히 얘기해보도록 하겠네.

그때 사용한 냅킨은 가지고 있겠지?"

그 말을 들은 아이무는 스마트폰을 꺼냈다.

"네! 냅킨은 책상 서랍에 소중히 보관하고 있고, 이렇게 사진을 찍어서 언제든 볼 수 있도록 하고 있습니다!"

아이무는 곧바로 스마트폰의 화면을 야시로에게 보여주었다. 야시로는 만족스러운 얼굴로 고개를 끄덕였다.

"좋군. 그럼 3개의 순서에 대해 자세히 설명해보지.

첫 번째는 뭐였지?"

"첫 번째는 '대략적으로 정하기'였습니다."

아이무가 의욕적으로 대답했다.

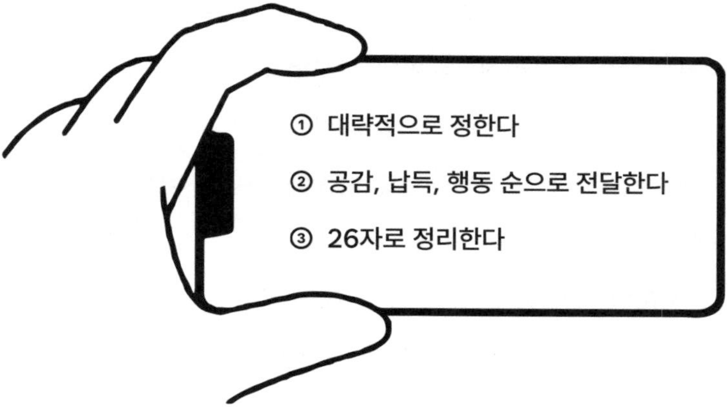

전달하기 전에 대략적으로 정한다

야시로는 화이트보드에 다음과 같이 적었다.

① ~요점이 정해져 있지 않다~

대략적으로 정한다

“전에 알려준 것처럼 길게 말하면 상대방에게 제대로 전달되기 힘들어.

‘누구에게 무엇을’ 전달할 건지 요점이 정해져 있지 않기 때문이야.

그래서 말하기 전에 **대략적**이어도 좋으니 생각해야 할 게 있지.

"첫 번째는 **'누구에게'**, 두 번째는 **'무엇을'**."

"야시로 선생님, 그런데 가까운 사람들은 상대가 정해져 있고,

무엇을 말해야 하는지도 알고 있잖아요. 대략적으로 정할 필요가 있나요?"

야시로의 눈이 빛났다.

"정말 잘 알고 있다고 생각하나? 가까운 사람이라면 누구?"

"예를 들어, 상사와 스태프들과는 항상 마주하고 있으니,

'누구에게 무엇을' 같은 걸 일부러 생각할 필요가 없지 않나요?"

"그럼 한 가지 물어보겠네. 자네는 지금까지 상사와 스태프에 따라 전달하는 방식을 바꾸었는가?"

"……전달하는 방식을 바꿔야 하나요?"

아이무는 야시로의 물음에 최근에 있었던 일을 떠올렸다.

얼마 전 한 고객사로부터 소규모의 추가 발주를 받았다.

회사와 아이무의 영업 목표 달성을 위해서는 좋은 일이지만, 평상시 업무만으로도 바쁜 현장에는 부담이 된다.

그 사실을 상사와 스태프, 각자에게 따로 전달했더니 반응이 전혀 달랐다.

상사인 다나카에게 말했더니,

말을 가로막으며 "잘했어! 수고했어!"라고 짧은 시간에 끝났다.

그런데 스태프에게 말했더니,

어두운 표정으로 질문을 반복하며 길게 말한 것에 비해 제대로 전달되지 않은 것 같았다.

오히려 화가 난 듯한 인상을 받았다.

기분 좋게 이야기를 마무리한 다나카와는 정반대의 느낌이었다.

"같은 내용을 전달했는데 왜 이런 차이가 생겼을까요?"

야시로는 '역시나' 하는 표정으로 대답했다.

"그게 바로 **'누구에게 무엇을'**에 해당하는 거라네.

그리고 그 질문을 했다는 것 자체가 자네는 상대방을 잘 모른다는 의미야."

야시로는 이야기를 계속 이어갔다.

"먼저 상사와의 대화에서, 자네는 또 말을 길게 했을 거네.

그러자 초조해하며 요점만 말하길 원하지 않았는가? 스태프에게는 여러 설명을 하려다 보니 말이 점점 길어졌을 테지. 그러나 결국 스태프에게 요점이 잘 전달되지 못하지 않았나?

그래서 말하기 전에 대략적으로 무엇을 말할지 생각해야 하는 거네."

아이무는 모든 것을 꿰뚫고 있는 야시로에게 아무 말도 할 수가 없었다.

상대방에게 맞게 전달한다

"먼저 결론부터 말하겠네. **상대방에게 맞게 전달해야 하네.**

아이무 자네의 경우 상대가 누구인지 상관하지 않고 똑같이 전달하기 때문에 각자의 반응이 달라지는 거네.

상대가 자네의 말을 이해해서 같은 목표를 향해 노력하길 원한다면 상대방에게 맞게 전달하는 수밖에 없다네.

그래서 말을 하기 전에 대략적으로 생각해야 하는 거지. 예를 들어……."

그렇게 말하며 야시로는 화이트보드에 이렇게 적었다.

	상사	스태프
누구에게?	전체적인 느낌을 알고 있다	전체적인 느낌을 모른다
무엇을?	결론 보고	경위와 상담

"우선 상사는 고객의 주문이 의미하는 것, 현장 자원 등 전체적인 느낌을 알고 있을 거네.

그러니 수주했다는 결론 보고만 하면 되었던 거지. 장황하게 경위 설명을 할 필요가 없는 거네. 그래서 자네 말을 중간에 끊지 않던가?"

"그랬어요. '그래서? 그래서?' 하며 결론부터 말하게 했어요."

"그런데 반대로 스태프는 발주가 의미하는 것을 모르지.

보이는 것은 눈앞에 있는 것뿐이야.

자세히 말하면, 더 이상 바쁘게 하지 말아 달라는 게 속마음이라네.

그러다 보니 경위를 잘 설명해주고, 현장 업무에 어떻게 녹여낼지 상의하면서 전달할 필요가 있었던 거지."

"맞아요. 분명 스태프들은 '어떻게 해야 해요?'라거나 '지금과는 무엇이 달라지나요?'라는 질문을 계속 반복했어요."

"사람들에게 무언가 말하기 전에 이렇게 '대략적으로' 생각한다.

이것이 결국 '간결하게 전달하기'의 지름길이 되는 거라네.

'누구에게'. 이게 가장 먼저 해야 하는 출발점이야."

아이무는 노트에 쓰면서 머릿속에 떠오른 질문을 던졌다.

"한 가지 질문이 있습니다.

이번처럼 가까운 사람이 아닌 다른 사람에게 전달할 경우, 상대방에게 맞는 방법을 알아내는 요령이 있을까요?"

"좋은 질문이네. 상대를 판단하는 핵심은 **'정보량'**이네.

즉, 지금부터 전달할 내용에 대한 **'정보량이 많다(알고 있다)'**, 또는 **'정보량이 적다(모른다)'**를 파악하는 것. 이것이 요령이네."

아이무는 **'정보량으로 상대를 파악하라'**라고 노트에 적었다.

"상대방에게 맞게 전달하라고 평범하게 말했지만,

좀 더 구체적으로 말하자면 **'정보량이 많은'** 상대에게는 결론을 중시하고 과정은 짧게 요약하는 것이 좋네.

'정보량이 적은' 상대에게는, 전체적인 상황과 함께 배경이나 경위 등도 자세히 설명해줄 필요가 있다네. 그러기 위해서는 상대방을 관찰해야만 하네."

"상대를 관찰하라, 그럼 또 질문이 있습니다.

방금 말한 상사나 스태프는 **특정 소수**가 아닌가요.

불특정 다수의 경우, 예를 들어 프레젠테이션을 할 때는 어떻게 해야 하나요?

어떻게 상대를 관찰하고, 파악하고, 상대방에게 맞춰야 하죠?"

"음, 계속 좋은 질문이 이어지는군.

'특정 소수'보다 '불특정 다수'에게 전달하는 게 **훨씬 어렵네.**

'불특정 다수'의 경우 다양한 사람들이 있는 거니까.

하지만 마찬가지라네. 많은 사람 중에서 전달하고자 하는 대표적인 상대를 한 사람 특정하면 된다네.

이를 페르소나라고 하는데, 상대방을 1인칭으로 특정하는 방법이지.

그 한 사람을 향해 내가 말하고 싶은 것을 전달해보게."

이렇게 해서 야시로 선생님의 1교시 수업이 끝났다.

전달 방법의 철판 순서

다음 주부터 야시로의 2교시 수업이 시작되었다.

수업은 지난번과 같은 회의실에서 오후 6시부터였는데,

영업을 마치고 돌아오는 길에 전철 사고로 인해 10분 정도 늦게 도착했다.

회사 내에서도 야시로는 시간에 정확한 것으로 유명했지만,

사전에 전화로 알렸기 때문에 특별히 꾸중을 듣지는 않았다.

아이무가 자리에 앉자마자 야시로는 화이트보드에 무언가를 쓰기 시작했다.

② ~순서가 엉망진창이다~

공감, 납득, 행동 순으로 전달한다

아이무는 야시로가 항상 진행할 수업의 요점을 화이트보드에 쓴다는 것을 알게 되었다.

"그럼, 오늘은 2교시가 될……"

"야시로 선생님! 질문 있습니다.

화이트보드에 적으시는 건 특별한 의미가 있나요?

야시로가 빙그레 웃었다.

“좋은 점을 알아차렸군. 이것도 전달 기술 중 하나라네.

결론의 키워드를 먼저 전달한다.

그러면 상대방의 머릿속에 전체적인 그림을 각인시킬 수 있지.”

야시로가 설명을 이어갔다.

“두 번째 수업은 **‘순서’**네.

전달하는 방법에는 여러 가지 순서가 있네.

이 순서를 알지 못하면, 말이 계속 길어지는 원인이 돼버리지.

말하는 순서를 의식해본 적 있나?”

“……순서, 말입니까?”

“그래 순서. 대조적인 순서는

‘이유 → 결론’ 그리고 **‘결론 → 이유’**.

예를 들어…….”

야시로는 또 한 번 웃었다.

“아까 수업에 늦는다는 연락을 하면서 자네는 이렇게 말했지.

‘전철 사고 때문에 좀 늦게 도착할 것 같습니다.’

이것은 ‘이유 → 결론’으로 흔히들 많이 사용하는 순서라네.”

아이무는 좀 전의 전화 통화를 떠올리며 고개를 끄덕였다.

“반면, **‘결론 → 이유’** 순서로 말하면 이렇게 되겠지.

‘늦게 도착할 것 같습니다. 전철 사고가 나서요.’

‘No because ~’ 구문에 익숙한 미국인들이 많이 사용하지만,

바쁜 비즈니스맨, 예를 들어 아이무 자네의 상사도

이 순서로 보고를 듣고 싶어 하지 않나?"

아이무는 다시 한번 고개를 끄덕였다.

"그렇다면 상대에 따라 여러 가지 순서 패턴을 익혀야 한다는 말씀인가요?"

"전달의 달인이 되려면 여러 가지 패턴을 익혀서 자기 것으로 만들면 더할 나위 없겠지. 그런데 그건 정말 힘든 일이네. 카피라이터의 세계에서 검증된 **'철판의 순서'**라는 게 있네."

"철판의 순서요?"

"그래, 바로 **'공감, 납득, 행동'**이네.

세일즈 카피라이팅의 세계에서 이 순서대로 쓰면 상대방에게 잘 전달되고 행동으로 옮겨진다는 것이 이미 입증이 되었다네."

"공간, 납득, 행동…….

3가지면 간단할 것 같네요. 꼭 알려주세요."

"간단하다……. 맞네. **simple(간단)**하지.

단, 자기 것으로 만드는 것은 **easy(간단)**하지 않다네.

깊이가 상당한데, 배워볼 텐가?"

아이무는 고개를 힘차게 끄덕이며 노트를 꺼냈다.

상대방이 공감할 수 있도록 맞춘다

야시로는 화이트보드에 요점을 적었다.

> 공감 : 상대방이 공감할 수 있도록 맞춘다

"아이무 자네는 영업직이었지? 그럼 새로운 고객을 만나면 어떤 것부터 이야기를 하나?"

"음, 먼저 만나줘서 고맙다는 인사를 하고, 우리 회사를 소개하죠. 그리고 상품의 특징 설명, 거래 조건 등을 차근차근 설명하죠. 계약이 성사될 때까지는 무조건 직진입니다.

스태프들에게는 역할극 코치를 하기도 하는데, 아직 저만큼 기관총 토크를 하지는 못해요.

이게 경험의 차이인가 봐요."

자신만만하게 말하는 아이무에게 야시로는 찬물을 끼얹었다.

"아이무, 그건 완전 틀린 방법이네. 거래가 결정된 상대라면 모를까, 그런 방식으로는 조만간 한계가 올 걸세."

아이무는 내심 충격을 받았다.

생각해보니 기관총 토크로 수주할 수 있었던 거래처는 상사인 다나카가 길을 터준 곳이었고, 아이무는 그저 단순히 마무리를 했을 뿐이었다.

사실 지난 몇 년 동안 신규 거래처를 전혀 개척하지 못했다.

"모든 일은 처음이 가장 중요한 거네.

무언가를 쓸 때도 **처음 10줄**이,

대화를 나눌 때도 **처음 1분**이 중요하네. 왜 그렇다고 생각하나?"

"...전혀 모르겠습니다."

"그건, **사람은 자기 관심사에만 귀를 기울이기 때문**이라네.

그런데 사람들 대부분 자기 편의에 맞춰 말을 시작하지.

첫 번째 단추가 잘못 끼워지면 그 틈은 끝까지 메워지지 않는 것과 마찬가지라네.

그래서 중요한 것이……."

야시로는 화이트보드의 '공감'이란 글자를 콩콩 두드렸다. (공감. 상대방이 공감할 수 있도록 맞춘다.) 아이무는 화이트보드에 적힌 말을 되새기며, 현재 공략 중인 신규 거래처를 떠올렸다. 그 거래처는 지방에 있는 고객사라 화상회의로 상담하곤 했는데, 평소처럼 기관총 토크가 전혀 먹히지 않았다. 그런 상황을 눈치챘는지 야시로가 물었다.

"상대가 **무엇에 관심이 있고 어떤 고민을 하는지** 알고 있나?"

아이무는 그 지방 고객사의 사장님을 떠올렸다.

규슈의 후쿠오카현에서 건강식품을 통신판매 하는 기업으로, 인자한 미소를 지은 채 기관총 토크를 끊지 않고 끝까지 들어주는 인상 좋은 사장님이다.

그 사람은 어떤 것에 관심이 있고, 어떤 고민을 하고 있을까?

그러고 보니 주문 전화가 많아서 회사 내부적으로 처리하기가 힘들다는 말을 했는데 아랑곳하지 않고 자신의 말만 기계적으로 계속했던 것이 떠올랐다. 상대방의 고민에 공감하지 못한 자신을 반성했다.

아이무는 이때 처음으로 자신이 상대방의 관심사, 고민에 전혀 귀 기울이지 않았다는 사실을 깨달았다.

아이무가 생각하는 시간이 길어지자 야시로가 입을 열었다.

"이보게 아이무, 두 달 전 봄날 밤, 술집에서 얘기했잖나.

마지막에 냅킨 한 장에 순서를 써서 자네에게 줬는데,

그걸 처음에 받았나?"

아이무는 고개를 가로저었다. 야시로가 냅킨을 건네준 것은 마지막이었기 때문이다.

"그럼 내가 처음에 무엇을 말했는지 기억하나?"

아이무는 따뜻한 재즈바를 떠올렸다.

"그러고 보니 아무것도 말하지 않으셨어요.

처음에 조용히 제 이야기를 들어주셨죠.

그러고 나서 '전달 방법을 고민하고 있는 것 같군'이라며 제 고민의 원인을 특정하셨어요."

"그랬군. 그때 어떤 기분이었나?"

"야시로 선생님이라면 말할 수 있을 것 같다. 좀 더 이야기하고 싶다. 이렇게 생각을 했어요."

"그게 바로 **'공감'**이 아닐까?"

아이무는 무릎을 쳤다.

야시로가 말을 이어갔다.

"가정을 해보세. 자네의 고민을 듣고 언어화하기 전에,

순서를 적은 냅킨을 자네에게 건넸다면, 아마도 고마움을 느끼지 못했을 거야."

"네, 맞습니다. 그랬을 거예요."

잠시 침묵이 흐른 뒤 야시로가 냉정하게 말했다.

"하지만 아이무. 자네가 상대방의 사정을 전혀 고려하지 않고 자신의 말만 기계적으로 말하면서 자신만만한 것은, 먼저 냅킨을 건네는 것과 다를 게 없네.

그렇게 하면 상대방에게 자네의 말이 전혀 전달되지 않네.

우선 상대를 관찰하고, 잘 살피고, 잘 들어야 하네.

그 정보에 따라 공감하는 연습부터하길 바라네."

아이무는 얼굴이 빨개져 고개를 숙였다. 동시에 한 가지 질문이 떠올랐다.

"방금, **'들어라'**라고 하셨는데 그렇게 할 수 없으면 어떻게 해야 합니까? 예를 들어 많은 사람이 있을 때 모두의 말을 들을 수는 없잖습니까?"

"그럴 때는 전달하는 상대방 모두가 공통적으로 관심을 가질 만한 일반적인 내용을 전달하거나 질문하면 되네.

최근 뉴스나 모두들 고민하고 있을 만한 것들 말이네.

'요즘 휘발유 값이 너무 비싸서 힘들더라고요. 그렇지 않으세요?'

이 정도만으로도 충분히 '공감'을 얻어낼 수 있다네."

근거를 제시하고 납득시킨다

"'공감'의 다음 단계는 **'납득'**이네……."

야시로는 화이트보드에 요점을 적어 내려갔다.

납득 : 근거를 제시하고 납득시킨다

(근거를 제시한다…….)

"처음의 '공감'은 '자신이 전달하고 싶은 것'이 아니라,

'상대방이 듣고 싶어 하는 것'에 포인트를 맞춰야 한다네.

그러면서 서서히 '내가 전달하고 싶은 것'으로 전환해야 하네.

'공감'으로 상대를 끌어당길 수 있다면,

갑자기 하고 싶은 말을 직설적으로 해도 좋네. 다만!"

"다만……?"

"다만, 거기에는 '근거'가 필요하다네.

예를 들어 우리가 두 달 전에 나눴던 대화로 돌아가보지.

처음엔 전체적으로 자네의 말을 듣고 고민을 언어화해서 '공감'을 얻는 데 성공했지. 그렇지?"

"그다음에 내가 뭐라고 말했는지 기억하나?"

아이무는 잠시 생각에 잠겼다.

"제 고민을 언어화해서 '공감'을 얻은 후, 야시로 선생님은 '철판 전달법이 있다. 그건 검증된 이론이다'라고 말하셨어요."

"맞네."

화이트보드에는 이런 내용이 적혀 있었다.

주장 + 근거

"'공감'이 끝나면 그다음에 하고 싶은 말이 이어져야 해.

즉, 주장이어도 괜찮네. 다만 거기에 근거를 덧붙여야 하네.

내 경우에는 '철판 전달법'이 주장이고, '검증된 이론'이 근거였네."

아이무는 배운 지 얼마 되지 않아서 아직은 서툴지만 이해는 했으므로, 자신의 경우로 대체해보았다.

신규 영업의 경우, 상대방의 관심을 끌 수 있는 '공감'으로 말을 시작한다.

그다음, '납득'은 어떤 주장을 하면 좋을까?

'아!'

그렇게 생각하니 점과 점이 선으로 연결되었다.

"야시로 선생님! 영업의 경우, 상대방의 고민에 귀 기울인 후 해결 방법과 함께 근거를 제시하면 되는 건가요?"

"그렇지. 예를 들어?"

"예를 들어, 얼마 전 지방의 한 고객사로부터 콜센터 위탁에 관한 문의가 들어왔습니다.

그런데 그 회사의 사장님께서 직접 문의를 주셨어요. 고객 응대 전화를 자체적으로 처리할 수가 없어서 외주화하고 싶은데 그에 관한 이야기를 듣고 싶다고요.

그러면 상대방의 관심사에 맞춰서 공감하는 전달법을 사용하면 좋았을 텐데 그 부분을 놓치고 말았습니다."

"음, 그래서……?"

"'사내에서 처리할 수 없어서 외주'한다는 것을 언어화해서,

공감할 수 있도록 전달한다. 여기까지가 공감입니다.

다음으로 그 고민을 우리 회사라면 이렇게 해결할 수 있다는 근거를 가지고 전달한다. 이것이 납득 부분입니다. 이런 흐름은 어떤가요?"

"오, 상당히 좋은 흐름인 것 같네."

"감사합니다!

저의 경우에 적용해보는 게 가장 좋은 거니까요.

다음은 '행동'이었나요?

이것도 알려주세요!"

아이무는 의욕이 넘치는 얼굴로 노트의 새 페이지를 넘겼다.

좁혀서 행동하게 한다

"'공감', '납득' 다음은 '행동'이네."

> **행동 : 좁혀서 행동하게 한다**

"행동은 이미 어느 정도 상상이 가네요.

제가 말해봐도 될까요?"

야시로는 웃으며 고개를 끄덕였다.

"방금 전의 내용부터 시작하겠습니다. 귀사의 고민.

저희 회사라면 이렇게 해결하겠습니다. 왜냐하면, 후쿠오카 하카타 센터에서도 실적이 있기 때문입니다. 여기까지가 '공감', '납득'의 흐름입니다."

"계속해보게……."

"그러니 꼭 저희 회사를 검토해보시기 바랍니다.

좋은 인연이 될 수 있도록 잘 부탁드리겠습니다."

의기양양한 얼굴을 하고 있는 아이무와는 대조적으로 야시로는 쓴웃음을 짓고 있었다.

"아이무, 그렇게 하면 절대 안 되네.

마지막 '행동'이 결과를 좌우하는 거니까.

좀 더 신중하고 세심하게 생각해야지.

자네가 말하는 '행동'은 '검토해주십시오'나 '잘 부탁합니다'와 같이 너무 추상적이고 광범위해서 상대방이 뭘 어떻게 해야 할지 모를 수도 있네.

말하자면 예리함이 부족해. 그렇게 해서 잘될 것 같나?"

아이무도 같은 생각이었다.

법인 영업은 주문이 확정되기까지 시간이 걸리기 때문이다.

이렇게 해서 잘 안될 거라는 것은 사실 알고 있었다.

그런 아이무의 마음을 간파한 야시로가 화이트보드를 가리켰다.

"여기에 적힌 **'좁혀서'**가 무슨 뜻이라고 생각하나?"

고개를 가로젓는 아이무에게 야시로가 설명했다.

"상대방의 행동을 좁혀서, **작은 버튼을 누르게 하는 것.**

이것이 '행동'이네.

검토만으로는 상대방이 구체적으로 움직일 수가 없네.

이 경우, 상대방이 움직일 수 있는 작은 버튼은 무엇이라고 생각하나?"

아이무는 한참을 생각했지만 답이 떠오르지 않았다.

"예를 들어 이런 건 어떨까?

'저희 회사가 어떤 식으로 실적을 올리고 있는지 하카타 센터를 한번 보시면 어떨까요? 사장님을 비롯한 현장 직원분들도 함께 꼭 방문하시면 좋을 것 같습니다. 혹시 다음 주에 시간 되시나요?'라고 말해보는 거지."

"좋은 방법이네요! 센터 견학이라면 문턱도 낮고, 다음 주 스케줄을 물으면서 만날 약속도 할 수 있으니까요."

"그렇지. 원래 '전달한다'의 이상적인 모양새는 상대방의 마음을 움직이는 것이네.

어렵게 '공감'으로 흥미를 유발하고, 근거를 제시해 '납득'을 시켰다 하더라도 마지막이 허무하게 끝나버리면 아깝지 않겠나?

마지막에는 작고 좁고, 움직이기 쉬운 버튼을 만들어주는 것이 중요하다네."

어느새 저녁 10시가 다 되어가고 있었다. "아이무, 배가 고프군. 아까 하카타 이야기를 들어서인지 라멘이 먹고 싶어졌네. 어디 좋은 곳 없을까?"

"맡겨주십시오."

그렇게 말하며 아이무는 서둘러 책상을 정리했다.

26자로 정리한다

지난번 수업이 끝난 지 일주일이 지났는데도 여전히 비가 내리고 있다. 회의실에서 기다리는 야시로에게 아이무가 말을 건넸다.

"아직 5월인데 본격적인 장마철인 것 같네요. 아, 지난주에 라멘 맛있게 먹었습니다."

"아니네. 나야말로 오랜만에 맛있는 라멘을 먹었어. 그럼 오늘은 3교시 수업이군." 그렇게 말하면서 야시로는 화이트보드에 오늘의 요점을 적었다.

3) ~메시지가 모호하다~

26자로 정리한다

"'길게'에서 '간결하게' 전달한다.

그런데 좀처럼 그렇게 되지 않는 게 현실이지. 아니, 상대에게 그렇게 들리지 않는다고 하는 게 맞겠군. 메시지가 모호하기 때문인데, 길고 장황하다는 것이 가장 큰 요인이네. 그래서 **26자 이내**로 정리할 것. 그것을 계속 반복하는 것.

그러면 일단은 메시지가 좀 더 쉽게 전달될 거네."

"너무 궁금한데요. 왜 26자인가요?"

"아이무 자네는 인터넷 뉴스를 본 적이 있나?

예전에는 그 제목이 대략 13자[14] 정도로 만들어졌다네.

긴 헤드라인은 잘 읽히지 않으니까. 한눈에 전체적인 그림이 쉽게 상상이 가도록 짧은 문장으로 요약하는 거지."

"아! 그랬군요. 몰랐어요. 그럼 그런 이유로 13자는 알겠는데, 왜 **26자**인가요?

아이무는 화이트보드의 '26자'를 가리켰다.

---

14 가짜뉴스 등 부정확한 정보가 사회적 문제로 대두되면서, 일본에서는 제목을 보다 정확하게 이해할 수 있도록 2021년 4월부터 최대 14.5자, 2022년 1월부터는 최대 15.5자로 변경되었다.

"한 번 체험해볼 텐가?

이 기사를 13자로 정리해보게."

야시로가 온라인 뉴스 기사를 아이무에게 내밀었다.

5월 중순부터 계속된 장마로 인해 교통과 농작물에 영향을 미치고 있다. 피해가 큰 지역에 대한 자위대의 재해 구조 파견 횟수는 역대 최고치를 기록했다. 기상청은 이 장마가 2주 정도 더 이어질 것이라고 전망했다. 전국적으로 장화 품귀현상이 계속되고 있다.

"예? 이걸 13자로요? 전혀 정리가 안 되는데……." 야시로는 웃고 있었다.

"어려울 거네. 사실 짧게 전달하는 것은 생각보다 어려운 일이지. 머리를 써야 하는 일이네. 13자로 시작한 인터넷 뉴스도 현재는 15자 이상으로 늘렸지. 허리띠를 풀어주듯 말이네."

야시로는 여전히 기사와 씨름하고 있는 아이무를 아랑곳하지 않고 말을 이어갔다.

"13자면 상당히 빡빡하지. 그래서 두 배인 26자로 늘린 거라네."

"그렇게 보니 13자면 제약이 심해서 어려운데, 26자라면 하고 싶은 말을 어떻게든 담아낼 수 있을 것 같아요."

(어디? 어디?) 야시로가 들여다보았다.

"'**이례적인 긴 비가 2주간 더 지속될 것으로 예상됨. 주의가 필요함.**' 정확히 26자입니다!"

"아직 잘난 척하기에는 이르네. 하지만 요약한 걸 보면 '2주간 지속'을 취하고, '자위대 재난 구조 파견'이나 '장화 품귀현상'을 버렸다는 뜻이군.

이것저것 말하지 않는다,

그게 메시지를 정리하는 요령이네." 그렇게 말하면서 야시로는 컴퓨터를 프로젝터에 연결했다.

5초짜리 말이 세상을 휩쓸다

"지금부터 어느 리더에 관한 영상을 보여줄 텐데, 먼저 결론부터 말하자면,

'**긴말은 싫어한다.**' 다시 말해 '**짧은 말은 호감을 산다**'는 거네.

호감을 산다는 것은 '상대방의 기억에 남고, 상대방이 자발적으로 움직이고 싶어진다'로 연결되네. 그런데 '짧은 말은 호감을 산다'는 것이 사실일까?

짧은 말이 지지를 받을 수 있을까? 그걸 확인해보도록 하지."

프로젝터가 천천히 광량을 늘리는 동안, 야시로는 설명을 이어갔다.

"이것은 전달 방식에 관한 내 강연을 영상으로 만든 거라네.

내레이션도 함께 있으니 재밌게 봐주게."

야시로는 회의실 안쪽으로 가서 조명 스위치를 껐다.

어두워진 회의실에 투사된 영상 속에서 야시로의 이야기가 시작됐다.

✦

'내각총리대신배'라는 영예가 있다.

각종 스포츠 대회에서 가장 잘한 사람에게 내각총리대신이 수여하는 상을 말한다.

한 스모 경기의 시상 장면이 가장 유명하다.

총리(또는 그에 준하는 정치인이나 고위 관료)가 직접 축사와 함께 상을 수여한다.

이 장면은 2000년 이후 오늘까지 수십 차례 텔레비전으로 사람들에게 방영됐다.

떠오르는 장면이 있는가?

"알아요. 그거죠!"

자랑스럽게 손을 드는 독자가 있을 것이다. 그래, 그 장면이다. YouTube 등에서 찾아서 시간을 확인해보길 바란다.

일본 전역을 떠들썩하게 한 말이 탄생하기까지 단 5초밖에 걸리지 않았다. 내각총리대신배에서 그 말보다 더 짧게 말한 총리는 지금껏 없었다.

시간을 되돌려보자. 2001년 5월 27일. 여름 스모대회. 장소는 료고쿠 국기관.

이날 두 가지 드라마가 일본 전역을 떠들썩하게 만들었다.

먼저, 기적의 승리다. 오른쪽 무릎이 탈구된 요코즈나 키노하나가 기적적으로 승리를 거두며 우승을 차지했다. 서 있기도 힘든 상태에서 승리를 거둔 요코즈나는 괴물 그 자체였다.

그 박력에 보는 이들은 압도당했다. 드라마 같은 경기가 끝나고 얼마 지나지 않아 승리만큼이나 드라마틱한 장면이 펼쳐졌다.

다음 드라마의 주인공은 시상을 위해 등장한 고이즈미 준이치로 총리였다. 취임한 지 한 달 정도밖에 지나지 않아 아직 국민적 인기가 있었던 그의 등장에 장내는 크게 들썩였다.

요코즈나 앞에서 표창장의 정형화된 문장을 읽은 총리, 장내가 조용해지기를 기다렸다가 '5초의 한마디'를 마이크에 대고 말했다.

고통을 견디며 정말 잘했다.

감동했다!

축하합니다!

일본 내각총리대신 고이즈미 준이치로

이 '5초의 한 마디'는 일본 전역을 열광시키고, 많은 사람의 가슴에 새겨졌다.

여기서 한 가지 의문이 생긴다. 이 말을 정성껏 소리 내어 읽어봐도, 전혀 특별할 것 없는 **'흔하고 평범한 말'**에 불과하다.

일정 수준의 언어 능력만 있으면 누구나 할 수 있는 말. 그런데 왜 이 **'흔하고 평범한 말'**이 일본 전역을 열광시킬 수 있었던 것일까?

✦

여기서 영상이 잠시 멈췄다. 그리고 회의실 조명이 켜졌다.

말을 '뺄셈'하라

"아이무, 자네는 이 일을 알고 있었나?"

"아니요. 어렸을 때 일이라 잘 기억이 나지 않는데,
이런 평범한 말이 일본 전역을 떠들썩하게 만들었군요."

"왜 이런 평범한 말이 사람들 마음에 침투한 걸까?
어떻게 이런 말을 만들어낼 수 있었을까?
그런 의문을 가지고 영상을 계속 봐주면 좋겠네."

그렇게 말하자마자 조명이 꺼지고 다시 영상이 시작되었다.

✦

왜 이 '흔하고 평범한 말'이 일본 전역을 열광시킬 수 있었던 것일까? 바로 **메시지가 확실했기 때문**이다. 좀 더 구체적으로 말하면, 메시지가 **하나로 압축되어 있다**는 것이다.

고이즈미 전 총리의 5초짜리 말은 총 20자다. 그러나 그중 핵심은 **'감동했다' 4글자**이다.

그 전후의 문장은 메인 디시인 '감동했다'를 돋보이게 하기 위한, 말하자면 에피타이저와 디저트에 불과하다.

이러한 메시지 압축은 누구나 할 수 있는 것일까? 당신의 말을 되돌아보길 바란다. 중요한 자리에서 무언가를 전달할 때, 자기도 모르게 말이 길어지는 경향이 있지 않은가?

'이것도 말하고, 저것도 말한다.'

그렇게 되면 말이 길어질 수밖에 없다. 길어지면 길어질수록 전달력은 떨어지고, 사람들이 싫어하게 된다. 혹시 그런 일을 경험한 적이 없는가?

'항상 짧게 정리하지 못했구나'라는 생각이 들었더라도 낙담하지 말았으면 한다.

그것은 어떤 의미에서는 어쩔 수 없는 일이다. 말을 하는 것은 **'덧셈'**이다. 우리는 태어나서부터 문법과 어휘력을 익히고, 말을 '더 하기' 위해 노력과 공부를 거듭해왔다.

그러나 말의 **'뺄셈'**은 배운 적이 없을 것이다. 사실, 고이즈미 전 총리는 이것저것 말하지 않는 '뺄셈'을 사용했다. 그 '뺄셈'을 싫든 좋든 익혀야 하는 것이 **카피라이팅**이다.

상품이나 서비스의 가치를 짧은 단어로 표현하는 카피라이팅에서 당연하게 여겨지는 법칙이 있다. 그것은 바로 **'1문 1뜻'**이다.

'하나의 문장에는 하나의 의미만 담아야 한다'라는 철칙이 있다. 카피 기술이 낮은 사람일수록 '1문 2뜻', '1문 3뜻', 이렇게 이것저것 의미를 집어넣는다.

'어떻게 말하느냐보다, 무엇을 말하느냐'[15]가 중요한 카피라이팅 세계에서는 쓰기 전에 반드시 생각해야 한다. 쓰기 전에 생각한다는 것은 '짜내고', 버리는 것은 '뺄셈'과 같다. 발신자가 말을 검토하고 미리 '뺄셈'을 해주지 않으면, 읽는 사람의 머릿속에 들어가지 않는다. 끝이 없이 계속되는 긴말은 모두가 싫어한다.

그런 의미에서 고이즈미 전 총리는 그 '뺄셈'을 잘 알고 '1문 1뜻'을 철저하게 실천한 희대의 캐치 카피라이터였다.

그 캐치프레이즈는 후세 사람들의 기억에 계속 남아 있다.

---

15 요코타 이사오, 《최강의 카피라이팅 바이블》, 다이아몬드사, 2016

'두 개의 뜻', '세 개의 뜻'을 부여하지 않고 '하나의 뜻'만을 담는다. 즉, '이것저것 말하지 않고 압축한다'가 빼셈의 말하기가 된다.

일본을 떠들썩하게 했던 '5초의 말'에서는 이런 교훈이 떠오른다.

✦

환히 켜진 조명의 밝기에 눈을 가늘게 뜨며, 아이무가 야시로에게 물었다.

"이런 짧은 말은 어디서 쓰는 건가요?"

"좀 전에 본 고이즈미 씨의 영상은 한 방 승부였지만, 전달하는 시간의 시작, 중간, 마지막에 반복해서 사용하면, 메시지의 전달력이 더욱 강력해지네."

아이무는 한 장의 냅킨에 적힌 세 가지 순서, 야시로의 3교시 수업을 노트에 정리해서 몇 번이고 반복해서 읽었다.

(여기까지 배운 것을 고객사 사장님에게 사용해보자.)

"야시로 선생님. 오늘 배운 것을 새로운 고객에게 사용해서,
반드시 상대방의 마음을 움직여 일을 수주하도록 하겠습니다.
2개월 후에 다시 보고하겠습니다."

"좋아, 다음에는 여름쯤이겠군. 이 장마가 끝나고,
화창한 날에 좋은 보고를 기대하고 있겠네."

칼럼

법칙을 활용하는 방법

'이렇게 하면 잘 전달된다'는 것이 검증되고 법칙화되는 것이 카피의 세계입니다.

여기서 한 가지 질문에 답하면서 설명해보겠습니다.

어떻게 법칙화되는가 하는 것입니다.

여기에 두 가지 문구가 있습니다.

이것은 어느 레시피 사이트의 A/B 테스트입니다.

100만 명이 사용하고 있다	**VS**	**96%가 효과 실감**

이 사이트는 무료로 사용할 수 있지만, 월 3,000원을 지불하면 프리미엄 회원이 되어서 좀 더 다양한 서비스를 이용할 수 있습니다.

사이트는 당연히 여러 방법으로 프리미엄 회원을 유도하겠죠.

그래서 뉴스레터 캐치프레이즈에 독자적인 가설을 세우고, 몇 가지 이벤트를 전개하여 검증해보기로 했습니다.

왼쪽 문구는 '100만 명이 사용하고 있다는 것'.

'100만 명이 사용한다면 나도 써보자'라고 생각하게 되지 않을까 하는 것이 가설입니다.

오른쪽 문구는 '96%가 효과를 실감하고 있다는 것'.

이용자 설문조사에서 96%가 효과를 실감한다는 것을 전달하면 안심할 수 있지 않을까 하는 것이 가설입니다.

그렇다면 결과는 어땠을까요?

답은 오른쪽의 '96%가 효과를 실감하고 있다'가

왼쪽의 '100만 명이 사용하고 있다'에 비해 약 2.5배의 반은 차이(클릭률)가 있었습니다.[16]

여기서 감탄으로만 끝나면 이론화할 수 없습니다.

둘의 차이점이 무엇인지 검증해볼 필요가 있습니다.

왼쪽 '100만 명'은 '절대 수치'입니다.

---

16 라이언 홀리데이(Ryan Holiday), 《그로스 해킹(Growth Hacking)》, 닛케이BP, 2013 - 국내에는 《그로스 해킹(Growth Hacking)》으로 번역, 2015 출간

100만 명은 일본 동북 지역의 최대 규모 도시인 센다이시의 인구와 거의 같아서 대단한 숫자일지도 모르지만, 비교 대상이 없기 때문에 대단하다는 것을 알기 어렵습니다.

한편, 오른쪽의 '96%'는 '상대 수치'입니다.

100%에 비해 96%이므로 압도적인 다수라는 것을 알 수 있습니다.

이상에서 다음 법칙이 떠오릅니다.

[**대상 수치(예 : 96%) > 절대 수치 (예 : 100만 명)**]

숫자를 사용할 때는,

절대적인 수치보다 상대적인 수치를 사용한다.

이런 법칙이 노하우가 됩니다.

이 법칙이 익숙해져 반영되면 얼마나 많은 도움이 될까.

바로 실행에 옮겨보도록 합시다.

A 기일 내에 지불합시다	B 이 나라의 사람들은 10명 중 9명이 기일에 맞춰 지불하고 있다
C 이 우편번호 지역의 사람들은 10명 중 9명이 기일에 맞춰 지불하고 있다	D 당신 지역의 사람들은 10명 중 9명이 기일에 맞춰 지불하고 있다

아래 네 가지 캐치프레이즈가 있습니다.

이것은 영국의 납세고지 문구를 4가지로 나누어 실험한 것입니다.

어떤 문구가 가장 납기 내 납세를 촉진시켰을 거라고 생각하십니까?

이때 좀 전의 법칙을 대입해봅니다.

[상대 수치 > 절대 수치]

A를 제외하고는 '10명 중 9명'이라는 상대적인 수치가 들어 있습니다.

답부터 말하면, 가장 높았던 D그룹과 가장 낮았던 A그룹은 15점

이상 차이가 났습니다.

- A : 67.5%(기일 내 납세)
- B : 72.5%(기일 내 납세)
- C: 79%(기일 내 납세)
- D: 83%(기일 내 납세)

게다가 이 결과를 보면, '이 나라 사람들은~'보다,
'당신 지역의 사람들은~'처럼 비교 대상 범위가 좁아질수록
반응이 좋아진다는 것을 알 수 있습니다.

[작은 비교 대상 범위(마을 단위) > 큰 비교 대상 범위(국가 단위)]

위의 내용도 귀중한 발견입니다.

여담이지만, 영국 세무 당국에 따르면,
이 테스트 검증을 전국적으로 확대할 경우,
납세 독촉 비용이 **연간 3,000만 파운드(약 490억 원)**를
절감할 수 있을 것으로 추산했습니다.[17]
법칙을 알고 있는지, 그리고 그것을 잘 활용할 수 있는지가 큰 차

---

17 〈주간동양경제〉 2017년 11월 25일, 동양경제신보사 , 32p

이를 만듭니다.

평소의 전달 방법에서도 법칙을 알고 사용하면 큰 차이를 만들 수 있을 것입니다.

제3장

5분 안에 연필을 팔아라!

아이무, 상대방을
조사하는 것의
중요성을 통감하다

한여름 : 성과(成果)

7월 하순.

6월 말까지 이어진 기록적인 장마가 믿기지 않을 정도로,
한 달 동안 비 한 방울 내리지 않은 채 폭염이 계속되고 있었다.
야시로의 가르침은 늘 머릿속에 있었다.
가르침은 냅킨 한 장에 정리되어 있어서 쉽게 암기할 수 있었다.
이미 머릿속에 입력되어 있었기에 아이무의 휴대폰 대기화면은 이제 야시로의 냅킨 사진에서 고향의 아카기산 풍경으로 바뀌었다.
그 가르침을 익히고 나서부터 서서히 반응이 느껴지고 있었다.
우선, 상사와 부하 직원과의 커뮤니케이션이 확연하게 달라졌다.
이전 아이무의 장황하게 이어지는 말 때문에 발생했던 현장의 혼란도 사라졌고, 다나카에게는 "요즘 말이 짧아져서 이해하기 쉬워졌다"라는 좋은 평가를 들을 수 있게 되었다.

다만 문제는 외부 영업처와의 커뮤니케이션이었다.
야시로가 알려준 냅킨 한 장의 가르침만으로는 설명할 수 없는 복잡함이 있었다.

아이무는 온갖 영업 관련 서적을 사서 읽었다.

영업처는 2개월 전 문의가 들어온 후쿠오카의 한 건강식품 통신 판매업체였다.

아이무에게는 첫 번째 신규 개척 대상이기도 해서, 이 기업과 계약이 성사되면 사내에서의 평가도 크게 올라갈 것이 틀림없었다.

이 기업을 조사해보니 최근 몇 년 동안 급격하게 실적이 성장하고 있었다.

이번 콜센터 업무 위탁은 6개 업체가 경쟁에 참여하는 대규모 사업으로, 쉽게 수주할 수 있는 사업이 아니었다.

아이무를 떨게 만들었던 것은 그 회사의 사장 비서가 보낸 이메일이었다.

'이번에 저희 회사에서 연락을 드린 6개 업체 중, **1차 선정을 통해 2개 업체**를 선택하고, **2차 최종 경합**을 거쳐 저희 회사의 콜 업무를 맡길 업체를 결정하도록 하겠습니다. 좋은 제안을 기다리겠습니다'라는 내용이었다.

'이 싸움은 절대 질 수 없다.'

아이무는 마치 축구 월드컵에 도전하는 선수와 같은 비장한 각오로 다가올 1차 프레젠테이션을 준비했다.

그런 마음가짐을 가지고 말 그대로 3일 낮과 밤 혼신의 힘을 다해 제안서를 완성했다.

100페이지에 육박하는 프레젠테이션 슬라이드에는 경쟁사에 절대 뒤지지 않는 자사의 강점 등이 데이터와 그래프와 함께 빼곡히 채워져 있어서 아이무 자신이 보기에도 뿌듯하고 자랑할 수 있는 내용으로 완성되었다.

(좋아, 야시로 선생님께 보여드려야지!)

총무과에 확인해보니 8월에는 세미나가 없어 내사 일정이 없다고 했다. 그래서 야시로에게 메일을 보냈더니 온라인으로 회의를 할 수 있다고 하여 다음 날 약속을 잡았다.

아이무는 회의실을 빌려 야시로와의 회의를 준비했다.

얼마 지나지 않아 연결된 화면에 구리빛으로 그을린 야시로가 나타났다. 배경에는 호숫가와 산들이 보였다. 호수의 미세한 물결과 새소리가 들리는 걸 보니 가상의 배경이 아닌 것은 분명했다.

"야시로 선생님, 오랜만에 뵙습니다. 그런데 지금 어디 계세요?"

"여름에는 너무 더워서 도쿄를 떠나 모든 업무를 이렇게 온라인으로 하며 캠핑카에서 일을 하고 있다네. 지금은 호숫가 캠핑장에 와 있다네. 여긴 시원한데 도쿄는 어떤가, 덥나?"

"당연하죠. 도쿄는 더워도 너무 덥습니다!

사실은 오늘 선생님께 보고할 게 있어서 연락드렸어요. 영업처에 제안할 자료가 완성되었어요. 분량이 좀 많은데…… 100페이지가 넘는 방대한 내용입니다. 프레젠테이션 내용을 좀 봐주세요. 지금 온라인으로 화면을 공유하겠습니다."

야시로가 잠시 눈살을 찌푸렸지만, 아이무는 아랑곳하지 않고 프레젠테이션 준비에 들어갔다.

아이무는 야시로에게 프레젠테이션을 시작했다.

3분 정도 지났을 때, 야시로가 갑자기 끼어들었다.

"아이무, 이건 안 돼! 이 프레젠테이션으로는 패배야!"

득의양양했던 아이무는 절망했다.

"패배? 어디가 잘못됐나요?"

"전부야, 전부."

아이무는 번뜩 깨달았다.

자신이 그렇게 자랑했던 100장짜리 프레젠테이션 자료는 야시로의 가르침을 반영한 것이 아니었다. 그래, 분명 기분이 나빴을 것이다.

"야시로 선생님, 그 냅킨 한 장의 가르침은 사내 소통에 큰 도움이 됐습니다. 감사하게 생각하고 있습니다. 다만, 지금 저는 그보다 더 힘든 싸움의 현장에 있습니다. 솔직히 말해서 너무 단순한 냅킨 한 장의 가르침만으로는 난이도가 높은 프레젠테이션에 적용하기에는 부족하다고 생각합니다."

아이무는 야시로의 자존심을 상하게 한 것은 아닌지 걱정했다.

그러자 야시로는 뜻밖에도 큰 소리로 웃었다.

"푸하하하, 역시 그렇군! 왜 패배하는지 모르겠다면 그 이유를 확실하게 알려주지."

이후 아이무는 야시로의 지적을 받아들여 100장짜리 자료를 대폭 수정해야만 했다.

망각의 버릇

"……정확히 지적해주세요. 부탁합니다."

"정확히 말하면, **'망각'**이네.

무엇을 잊어버렸는지 알고 싶은가?"

아이무는 고개를 끄덕이면서 노트를 꺼냈다.

"잊어버린 것이 두 가지가 있네. 첫째는 **'상대를 잊어버린 것'**.

자네는 경쟁 업체와의 차이점만 강조하고 있는데, 이 제안의 상대는 누군가?"

"영업처 사장님입니다."

"그런데 사장님의 고민, 관심사, 그 기업의 과제에 관해서는 전혀 언급하지 않았지.

게다가 상대는 경쟁에 참여한 6개 회사의 자료를 다 봐야 하네.

그건 선택하는 쪽도 많은 수고를 한다는 말이네.

그때 **'백 장짜리 자료'**와 **'한 장짜리 요약 자료'**가 있다면 어느 쪽이 더 매력적이겠나? 당연히 후자일 거네. 그런 생각을 전혀 하지 않았다는 것을 자네의 자료를 보고 한방에 알 수 있었네.

좀 더 심하게 말하면, 이 자료의 주어는 'You'가 아니라 'I'네.

자기 회사를 주어로 삼고 상대방 회사는 어디에도 없는 자료를 신나서 만들었지 않나?"

아이무는 아무런 대꾸도 하지 못했다.

야시로는 고개를 떨구고 있는 아이무에 아랑곳하지 않고 다시 한번 몰아붙였다.

"둘째는 **'배움을 잊어버렸다는 것'**.

100페이지의 슬라이드 중에 한 장의 요약이 없다는 거네.

이 정도면 자료를 만든 사람인 자네조차도 정리되지 않았다는 것을 알 수 있네.

우후죽순으로 **가지와 잎사귀**만 그리다 보니 전체 지도가 되는 **'줄기'**가 없는 거네.

그런 걸 격언으로 표현하면 뭐라고 하는 줄 아나?"

"……아니요, 모르겠는데요."

"'나무만 보고 숲은 보지 못한다'라고 말한다네.

어떤 스토리로 상대방에게 전달할 것인지 생각해보았나?

좀 더 쉽게 말하면, 어떤 '순서'로 전달할 것인지 생각해보았나?

상대방이 **'듣고 싶은 순서'**가 아니라,

자신이 **'말하고 싶은 순서'**가 되지는 않았나?"

아이무는 자료의 전반부를 떠올렸다.

분명 자신의 회사 안내로 시작해서 경쟁사들보다 우월한 장점 등을 빠짐없이 정리한 자료였다.

그제야 야시로의 지적이 완전히 이해되었다.

"야시로 선생님. 부족해서 죄송합니다.

왜 이렇게 된 걸까요?"

"이게 **'망각'**이란 거네. 스마트폰을 좀 보여주겠나?"

야시로에게 아카기산이 배경인 스마트폰을 건넸다.

"아름다운 풍경이군. 그렇지만 전달하는 방법을 제대로 익히고 싶다면 다시 한번 냅킨 한 장의 가르침을 배경화면으로 바꿔보는 건 어떤가?"

아이무는 즉시 핸드폰의 배경화면을 냅킨의 가르침으로 바꿨다.

상대방을 철저히 조사한다

배경화면을 바꾼 스마트폰을 야시로에게 전달했다.

"매일 읽고 몸에 익도록 하게."

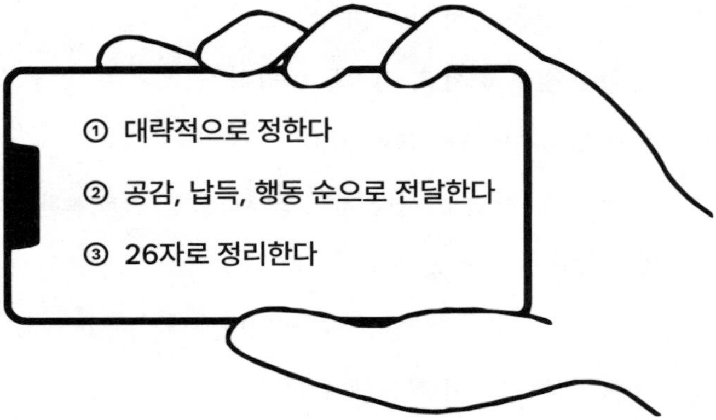

"알겠습니다. 그렇다면 어떻게 해야 잘 전달해서 경쟁 업체에 패하지 않을 수 있을까요? 가르쳐주십시오!"

"경쟁사에 패하지 않는다? 우선 그것부터 가르쳐야겠군."

"야시로 선생님. 경쟁 업체들이 모두 우리 회사보다 큰 회사들이라 걱정이 큽니다. 그 외에도 알아봐야 할 것이 많은데, 그건 좀 더 시간이 있으면……."

"아이무! 자네 착각을 하고 있군. 조사해야 할 대상은 자네가 전달해야 할 상대, 즉 자네의 고객사라네.

어떤 고민을 가지고 있는지 말이네."

"……죄송합니다. 경쟁 업체에 집중하느라 거기까지는 생각하지 못했네요."

"자네 바보 아닌가? 냅킨에 적힌 순서는 '누구에게 무엇을'이네.

자네는 그 순서를 건너뛰었네. 그걸 건너뛰면 전달하고 싶은 것이 제대로 전달되지 않는 거라네!

좋아. 그럼 알려주지. 이거 보이나?"

그렇게 말하면서 야시로는 화면을 공유했다.

상대를 철저히 조사한다

"'누구에게 무엇을'은 직접 알아보는 수밖에 없네.

여러 가지 조사 방법이 있지만, 이번 경우는 상대방에게 물어보는 것이네.

그 방법밖에 없네. 상대방의 관심사를 제대로 물어봤나? 아마 물어보지 않았을 거야."

아이무는 야시로의 날카로운 지적에 말을 잇지 못했다.

"그럼 '묻는 방법'을 알려주겠네.

간단한 기술 두 가지를 소개하지.

'열린 질문'과 '닫힌 질문'이네."

아이무는 야시로의 가르침을 노트에 정리했다.

note

	열린 질문	닫힌 질문
질문 내용	답변 제한을 두지 않고 자유롭게 대답할 수 있도록 한다.	선택지를 제시하고 그중에서 답변하게 한다.
질문 예	이건 어떻게 생각하십니까? 어떤 일을 하십니까?	이건 좋습니까? A와 B 중 어느 쪽입니까?
장점	많은 정보를 얻을 수 있다.	답을 바로 얻을 수 있다.
단점	신뢰 관계가 없으면 진심을 끌어낼 수 없다.	다음 대화로 이어지기 힘들다.

"이 질문을 활용해서, '상대방이 원하는 것이 무엇인가?' 그것을 조사해야 하네. 경쟁자를 의식할 시간 따위는 없네!"

야시로와의 회의가 끝난 후, 아이무는 곧바로 고객과 약속을 잡았다.

얼마 지나지 않아 고객사 사장과의 온라인 미팅 약속이 잡혔다.

아이무가 경합을 통해 신규 계약을 따내야 할 거래처는 후쿠오카에 있었다.

기타야마 건강 도장은 단식용 효소 음료를 인터넷에서 판매했고,

건강과 다이어트 붐을 타고 최근 몇 년간 급성장 중이었다.

화면 너머로 보이는 기타야마 사장은 얼굴이 까맣게 그을려 있었다.

먼저 아이무가 입을 열었다.

"오늘 이렇게 바쁜 와중에도 시간 내주셔서 감사합니다.

근데 기타야마 사장님, 피부가 까맣게 타셨네요.

어디 여행이라도 다녀오셨나요?"

"아니요. 골프가 취미인데, 날씨 때문에 이렇게 돼버렸네요."

까맣게 그을린 얼굴이 주름져 있었다.

(골프가 취미.)

이것을 키워드로 열린 질문을 반복하니 다양한 정보를 얻을 수 있었다.

· 베스트 스코어가 71

· 매주 빠지지 않고 골프를 친다

· 골프와 경영은 비슷하다

다음으로 왜 자신의 회사가 이 경쟁에 초대받았는지, 현재 당면한 과제는 무엇인지, 원하는 것이 무엇이지, **열린 질문**을 해보았다.

이번에는 조금 전의 골프 이야기처럼 잡담이 아니라,

오래 고민한 흔적이 보이는 대답이었다.

"귀사를 경쟁에 초대한 이유 말인가요?

그것은 하카타 센터 견학에서 좋은 인상을 받았기 때문이에요.

함께 동행했던 우리 직원들도 모두 좋은 공부가 되었습니다.

그리고 현재의 과제라고 하면, 음, 인력이 부족하여 고객 전화를 제대로 응대하기 힘들다는 것일까요?"

아이무에게 그 대답은 표면적인 것처럼 들렸다.

그래서 질문 방식을 **닫힌 질문** 형식으로 바꿔보았다.

"이번 콜센터 외주 건에서 중요한 것은 '가격, '고객 응대 품질' 어느 쪽입니까?"

"음, 둘 다 아닙니다."

"둘 다 아니라면 다른 답이 있으신지요?

가능한 한 그 답에 가까운 제안을 드리고 싶어서요."

"'**인재 교육**'입니다."

"예? 인재교육 말씀이신가요?"

"회사의 인력 부족으로 인해 고객 전화에 제대로 응대하기 힘들다는 것이 문제입니다. 그래서 서둘러 외주업체를 찾고 있습니만, 사실 모든 것을 사내에서 처리하고 싶습니다.

고객 접점은 골프에 비유하자면 퍼팅에 해당하죠.

마지막에 터치 하나만 잘못해도 총점에 큰 영향을 미치거든요.

그래서 일단은 전문 업체에 맡기고, 그동안에 기술이나 마인드,

매뉴얼 작성 등을 배웠으면 하는 바람입니다."

"마지막으로, 이번에 6개 업체의 공모를 통해 선정한다고 들었습니다. 무엇이 결정적인 역할을 할까요?"

"하하하! 이렇게 솔직하게 물어본 건 귀사가 처음이네요.

다른 회사와의 형평성 때문에 구체적으로 말씀드릴 수는 없습니다만, 예상컨대 가격 등 제반 조건은 거의 비슷한 수준일 거라고 생각합니다. 콜센터의 시세도 대략적으로 정해져 있으니까요.

이게 힌트가 될 것 같긴 합니다만……."

아이무는 놓치지 않고 귀를 기울였다.

"우리도 좋은 제안이 필요하니 힌트를 하나 드리죠.

6개 업체에서 2개 업체로 좁히는 1차 심사는 '**이다음을 더 듣고 싶다**'가 될 것 같습니다.

2개 업체 중 한 곳을 선택하는 최종 심사는 '**어느 쪽이 우리 회사를 이해하는 파트너인가**'가 될 겁니다."

아이무는 기타야마 사장과의 미팅 후 한동안 망연자실 상태였다.

야시로가 철저히 조사하라는 의미를 뼈저리게 느꼈기 때문이다.

조사해보니 아이무가 생각했던 것과는 전혀 달랐다.

기타야마 사장은 가격이나 품질로 경쟁하는 것이 아니라, 자사

직원들이 배울 수 있는 본보기가 될 만한 회사를 찾고 있었던 것이다.

콜센터 업무를 비핵심 업무로 외주화하는 것이 아니라, 미래의 핵심 업무로 만들기 위해 외주화하는 것이었다.

아이무는 업체의 규모와 실적, 가격이 외주 업체로서 선정되는 기준일 것으로 생각했지만, 회의에서 기타야마 사장은 아이무가 전혀 예상하지 못했던 기준을 제시했다.

예상조차 할 수 없었던 숨은 속내였기에 그(인재 교육)에 관한 제안은 100페이지 분량의 제안서에 한 글자도 적혀 있지 않았다.

아이무는 기타야마 사장과의 온라인 회의에서 들은 내용을 노트에 적었다.

note

✓ **누구에게?**

기타야마 사장. 골프가 취미. 경영을 골프에 빗대어 이야기함.

고객 접점을 가장 중요하게 생각함. 사원들에 대한 애정이 많음.

✓ **무엇을?**

인재 교육을 중요하게 생각함. 미래 내재화를 위해, 매뉴얼 작성이 중요할 것으로 예상됨.

조심스럽게 시작하여 강하게 들어간다

두 가지 질문을 잘 활용하여 보고를 하자,

화면 너머의 야시로는 눈을 가늘게 떴다.

"대략적으로 '누구에게 무엇을'을 생각한 거군."

"네, 나머지는 **'공감, 납득, 행동'** 순으로 전달하겠습니다.

그런데 말이죠, 야시로 선생님. 이번에는 프레젠테이션 자료를 만들어서 메일로 보내려고 하는데요. 뭔가 좋은 팁이 있을까요?"

야시로는 화이트보드에 적은 글을 화면 공유를 통해 보여주었다.

조심스럽게 시작하여
강하게 파고들어라

"이 URL의 동영상을 보면 알 수 있네.

'공감, 납득, 행동'의 흐름으로 2분 만에 연필을 파는 동영상이네.

그걸 보면 내 조언의 의미를 알 수 있을 거네."

아이무는 바로 그 자리에서 접속했다.

화질이 좋지 않은, 오래된 영화의 한 장면이었다.

동영상은 일본의 국민 배우로 불렸던 아츠미 기요시 주연의 〈남자는 힘들다〉 시리즈 중 한 장면으로, 주인공 토라가 별 볼 일 없는 연필을 팔아치우는 장면이었다(자세한 내용은 104쪽 참조).

동영상을 보자 야시로가 말한 의미를 알 수 있었다.

'공감'은 느긋하고 정중한 말투로, 물건에 관한 말을 불쑥 꺼내지 않고 상대에 관한 이야기로 시작해 끌어내는 것이었다.

'납득'은 차분하게 논리적으로 팔려고 하는 연필의 우수한 점을 설명하는 것이었으며,

'행동'은 할인을 무기로 지금 바로 사지 않으면 손해라는 식으로 몰아붙이는 것이었다.

영화라고는 하지만, 필요하지도 않은 연필을 단 **2분 만에 팔아치우는 언변**, 조언의 핵심인 **'공감, 납득, 행동'**의 매우 좋은 본보기가 되었다.

"상대방에게 전달하기 위해서는 같은 리듬이면 안 되는 거군요."

"그렇네. **조심스럽게 시작해서 강하게 파고들어라.**

이 조언을 반대로 실행해서는 안 되네.

강하게 시작하면 누구나 경계심을 가지게 마련이니까."

"그러면, 이 점을 주의하면서 바로 프레젠테이션 자료의 그림을 그려보겠습니다."

"잠깐만, 일단 **스켈레톤**을 그려보게."

"스, 스켈레톤이 뭔데요?"

"스켈레톤이란 **뼈대, 골격**을 말하네. 구체적으로는 전달하고자 하는 내용을 '공감, 납득, 행동'으로 항목별로 정리해보게."

"곧바로 프레젠테이션 자료에 쓰는 것은 안 되나요?"

"안 되는 건 아니지만, 일단 프레젠테이션 자료에 들어가면 깔끔하게 타이핑되기 때문에 그걸로 만족해버리기 쉽네.

게다가 자신이 만든 자료가 익숙해지면 수정하고 싶은 마음이 없어질 수 있네. 그래서 그 전에 골격을 그려보고, 전달하고자 하는 내용이 일관되는지 확인해야 하네."

야시로가 말한 대로 골격을 그려보았다.

note

공감 : 상대방이 공감할 수 있도록 맞춘다

✓ 메시지 : 향후 내재화를 위해 인재 육성이 최우선 과제

- 인력 부족에 대한 인식 : 전화가 끊이지 않는 문제가 있다.
- 고객 접점 업무의 포지셔닝 : 핵심 업무로 내재화하고자 한다.
- 사원의 인재 교육 : 외주업체를 롤모델로 삼아 직원들의 스킬을 향상하고 싶다.

납득 : 근거를 제시하고 납득시킨다

✓ 메시지 : 우리 회사라면 인재 육성에 최적의 장소를 제공할 수 있다

- 인근 지역 운영 : 하카타 센터 견학 등, 신속한 문제 해결 가능
- 충실한 육성 프로그램 : 독자적인 인재 육성 프로그램 공동 개발
- 체계적인 매뉴얼 정비 : 노하우의 상시 업데이트

행동 : 좁혀서 행동하게 한다

✓ 메시지 : 인재 육성 프로그램의 상세 내용은 최종 프레젠테이션에서 소개

- 최종 프레젠테이션 내용 : 귀사와 공동 개발하는 인재 육성 프로그램
- 최종 선정 : 당사를 최종적으로 지명해주십시오.

이 골격을 바탕으로 프레젠테이션 자료를 작성했다.

그 완성도에 아이무 자신도 놀랐다.

100페이지 분량의 자료가 10페이지로 정리되었다.

아이무는 수정한 프레젠테이션 자료를 봐달라고 다시 야시로와 약속을 잡았다.

(이번에야말로)라는 자신은 있었지만, 지금까지 번번이 코가 납작해지기만 했다.

(또 지적을 받진 않을까)라며 내심 불안해하면서 야시로의 반응을 기다렸다.

"이걸 한마디로 요약하면,

'인재 육성에 대한 자세한 내용을 알고 싶다면 다음 단계로 갈 수

있도록 선택하라' 이런 뜻인가?"

아이무는 거친 말투이지만, 한마디로 표현한 야시로에게 고개를 끄덕였다.

"하하하! 꽤 고생했겠군. 좋은데!

상대에 대한 배려도 있고, 흐름도 썩 좋은 것 같군.

그리고 무엇보다 자료가 짧아서 전달이 잘되네.

지난번 화상 채팅이 효과가 있었던 것 같군."

아이무는 드디어 받아낸 칭찬에 입꼬리가 저절로 올라갔다.

"그럼 선생님! 이걸로 승부를 걸어보겠습니다."

새로운 과제

다듬은 골격을 10장의 자료로 정리하여 메일을 보낸 지 일주일이 지났다.

그리고 오늘이 그 결과를 통보받는 날이었다.

1차 선정 결과는 메일로 통보하게 되어 있어서 몇 번이고 메일을 업데이트하며 기다렸지만, 오후 늦게까지 연락이 오지 않았다.

기다림에 지치려고 할 때쯤 한 통의 전화가 울렸다.

"여보세요. 저는 기타야마 건강 도장 비서입니다.

이번 저희 회사 콜센터 외주화 프로젝트에 좋은 제안을 해주셔서 감사합니다.

심사 결과는……."

다음 말이 나오기까지의 몇 초간의 시간이 아이무에게는 꽤 길게 느껴졌다.

"1차 심사에 통과하셨습니다.

다음 최종 제안을 부탁드립니다."

아이무는 전화기 너머의 상대방에게 연신 고개를 숙이며 감사의 인사를 전하며 한 손은 주먹을 꼭 쥐며 속으로 쾌재를 불렀다.

"그리고 한 가지 더, 저희 기타야마 사장님께서 전하라고 하신 말씀이 있습니다.

'귀사의 제안도 좋았지만, 최종 선정된 다른 회사의 제안도 훌륭했습니다. 다음번에도 꼭 귀사의 좋은 제안이 있었으면 하는 바람입니다'라고 말씀하셨습니다. 그럼 잘 부탁드리겠습니다."

아이무에게는 비서의 말이 묘하게 신경이 쓰였다.

왜 메일이 아니라 전화로 연락을 했을까?

최종 후보로 선정되었다는 사실을 알리는 것만이었다면 메일로도 충분했을 것이다.

전화로 직접 연락했다는 것은 최종 선정된 경쟁 업체가 만만치 않다는 메시지이지 않을까?

6개 업체 중 2개 업체가 남았다.

다만, 그 두 회사 중 1위는 다른 회사이고, 2위는 우리 회사다.

그러니 좀 더 열심히 하라는 뜻일까?

아이무는 1차 선정에서 살아남았다는 기쁨보다,

새로운 과제를 받았다는 사실에 부담을 느꼈다.

꼭 이겨야겠다는 투지가 불타올랐다.

칼럼

공감, 납득, 행동의 경계선

앞에서 언급했던 2분 만에 연필을 팔아치우는 동영상은,
일본 영화 〈남자는 괴로워〉 시리즈의 한 장면입니다.

그 내용은 저의 책《방황하는 리더가 지금 당장 가져야 하는 한 장의 미래 지도》에도 나와 있지만, 이 책에서도 다시 한번 소개하겠습니다. 극 중 대사도 나중에 설명하겠습니다.

'공감→납득→행동'은 말의 구조입니다.
구조에는 '경계'가 있습니다.

그런데 평소에 쓰는 말은 연속성이 있기 때문에 실제로는 '경계'가 없습니다.

어디까지가 **'공감'**이고, 어디서부터 **'납득'**이 시작되고, **'행동'**은 무엇일까?

그것을 생각하기 위해서, 제 강의에서는 이 소재를 바탕으로 **'경계'**를 생각해보는 연습을 합니다.

해당 장면은 일본의 다다미방에서 시작됩니다.

플레이어는 삼촌인 토라와 조카 미츠오, 그리고 그를 둘러싼 가족입니다.

사회인이 된 지 얼마 되지 않은 조카 미츠오가 회사에 대한 불만을 토로하고 있습니다.

그러자 토라가 연필 한 자루를 자신에게 팔아보라는 과제를 제시합니다.

미츠오는 갑작스런 미션에 당황하면서 "이 연필을 사주세요"라고 말을 꺼냈지만, 여지없이 침몰.

조카가 포기한 연필 팔기를 토라가 받아서 팔기 시작하는 장면으로 시작됩니다.

토라는 연필을 팔기 위해 처음부터 들이대지 않고, 가만히 연필을 바라보다가 슬쩍 이렇게 말을 꺼냅니다.

"나는 이 연필을 보면 엄마가 생각이 나."

실제로 2분 만에 연필을 팔아치우는 장면의 대사는 다음과 같습니다.

어디가 경계인지 선으로 구분해보십시오.

"나는 이 연필을 보면 엄마가 생각이 나.
나는 손재주가 없어서 연필을 예쁘게 깎지 못했어.
그러던 어느 날 밤, 엄마가 연필을 깎아주셨어.
화로 앞에 바르게 앉아 연필을 깎으셨는데, 연필밥이 화로에 들어가면서 좋은 냄새가 났어.
예쁘게 깎아주신 연필로 공부는 하지 않고 낙서만 하곤 했지.
그래도 깎은 연필이 짧아지면 그만큼 머리가 좋아진 느낌이 들었어.
손님! 볼펜이 참 편하고 좋긴 하지. 그렇지만 글을 쓰는 맛은 좀 없어.
그런 점에서 연필은 손에 쥐었을 때 느낌이 아주 좋지.
나무의 따뜻함. 육각형이 손가락 사이에 착 감기는 게 너무 좋지 않아?
잠깐 거기에 아무거나 써봐.
(미츠오는 건네받은 연필로 글자를 써보고 필기감에 납득한다.)
어때, 백화점에서 사면 한 자루에 60엔(600원)은 하는 물건이야.
그런데 조금 깎여 있으니까 30엔(300원)에 줄게.
(미츠오가 글을 쓰던 손을 멈추고 고개를 든다.)
좋아, 공짜로 준다는 마음으로 20엔(200원)!
지금 줘. 빨리!"

〈남자는 힘들어 친애하는 구루마 토라지로님(1994)〉
원작·각본·감독/야마다 요지, 각본/아사마 요시타카

200원을 지불한 미츠오가 "졌습니다!"라고 감탄할 때까지 2분. 순식간이었습니다.

자, 어디가 '**경계**'인지 파악하셨습니까?

답은 다음과 같습니다.

프레임	대사
공감	[엄마에 대한 추억] 나는 이 연필을 보면 엄마가 생각이 나. 엄마가 깎은 연필밥이 화로에 들어가면 좋은 냄새가 났고, 짧아진 연필을 보면 머리가 좋아진 느낌이 들었다.
납득	[글씨 써보기] 볼펜은 편하고 좋긴 하지만 글 쓰는 맛이 나지 않는다. 그런 점에서 연필은 손에 쥐는 느낌이 좋다. 나무의 따뜻함, 육각형이 손가락에 착 감긴다.
행동	[할인 공격] 백화점이라면 600원이지만, 깎은 연필이니 300원에 판다. 지금 줘. 빨리!

갑자기 물건을 팔려고 들지 않고 어머니와의 추억을 통해 '공감'을 유도하고, 직접 글을 써보게 하여 믿을 만한 상품임을 '납득'하게 하고, 600원→300원→200원으로 파격적인 할인 공세로 그 자리에서 바로 '행동'하게 합니다.

극 중에서 행상으로 나오는 토라가 이 세일즈 토크를 익히는 데 30년의 세월을 보냈다고 합니다.

하지만 바쁜 독자들에게는 그럴 여유가 없습니다.

그러니 머릿속에 프레임을 입력하고 말에 '경계'를 만들어서 쉽게 전달하고 상대방을 움직이게 하는 말을 배워보지 않겠습니까?

제4장

26자로 반복하라!

아이무, 카피라이팅에 눈을 뜨다

초가을 : 만회(挽回)

10월 초순.

지난 1차 선발이 결정된 8월 하순부터 벌써 한 달이 지나 긴소매로 출근하는 날이 많아졌다.

10월 1일. 아이무는 최종 프레젠테이션 때문에 정신이 없었다.

야시로의 가르침을 지키며 방대한 자료를 정리하는 날이 계속되었다.

야시로의 가르침은 항상 **'상대를 생각하라'**였지만,

이번만큼은 경쟁자가 신경 쓰일 수밖에 없었다.

실질적인 한판 승부.

비교해서 우위를 점하는 쪽이 수주를 따내는 것이다.

그런 생각을 더욱 강하게 가지게 된 것은 지난주 부하직원인 스즈키 아야가 알려준 정보 때문이었다.

"아이무 씨! 잠시 시간 좀 내주실 수 있으세요……?

기타야마 건강 도장 건으로 프레젠테이션을 준비 중이시죠?"

"응? 맞아."

잡담할 시간이 없어서 컴퓨터에서 눈을 떼지 않고 퉁명스럽게 대꾸했다.

"그 경쟁사가 어딘지 아세요?

우리 회사로 이직하기 전에 제가 있던 커스터머 재팬이라는 회사예요."

"뭐? 커스터머 재팬?"

아이무는 키보드에서 손을 떼고 눈을 동그랗게 뜨고는 스즈키를 돌아보았다.

커스터머 재팬은 업계 최대 규모로, 중견 기업에 속하는 아이무 회사의 5배 이상 규모의 회사였다.

상품력에서는 차이가 크게 나지 않지만, 풍부한 자금력, 우수한 인재, 수많은 실적 면에서는 아이무의 회사가 결코 따라가기 힘들었다.

코끝에 땀을 흘리며 스즈키가 말을 이어갔다.

"얼마 전 전 직장 동기들끼리 모인 술자리가 있었는데, 그때 동기 중 한 명이 저에게 '이번 프레젠테이션에서 너네 회사를 이길 거야'라며 의기양양하게 말하는 걸 듣고 욱하더라고요."

"어떤 녀석이?"

"다카지마라는 놈인데 동기 중에서 제일 잘하기로 유명한 녀석이에요. '놈'이라고 말한 건, 잘하기는 하지만 정말 싫은 놈이라는 뜻입니다.

프레젠테이션이나 말솜씨가 좋지만 약간 교활한 녀석이에요.

아이무 씨, 꼭 이겨주세요!"

예상치 못한 경쟁자의 정보를 입수한 아이무는 야시로에게 연락을 했다.

화면 너머에는 단풍이 살짝 물든 산을 배경으로 야시로가 서 있었다.

"선생님. 이번에는 어디세요?"

"캠핑카를 페리에 싣고 홋카이도에 왔어. 단풍이 너무 좋네. 그런데 오늘은 무슨 일인가?"

"다름이 아니라, 사실은 최종 경합에서 맞붙을 상대 회사를 알게 됐어요.

강자를 이길 수 있는 방법을 알려주세요."

그러자 야시로가 고개를 저으며 한숨을 내쉬었다.

아이무의 말에 안타깝다는 듯이 대답했다.

"또 그거군. 잘 듣게. 잘 전달하기 위해 필요한 것은 항상 상대를 생각하는 것이네.

경쟁사의 정보도 물론 필요하지만, 논점은 항상 전달하고자 하는 상대에게 맞춰야 한다는 거야."

"그렇다고는 해도 상대는 업계 최대 규모의 에이스 영업사원입니다. 제게 부족한 것은 무엇인가요?"

"여러 번 말하지만, 자네한테 부족한 것은 **'상대를 아는 것'**.

그럼 지금부터 3가지 질문을 할 테니 대답해보게."

아이무는 침을 삼켰다.

"하나. 상대는 어떤 사람인가?

둘. 상대가 원하는 것은 무엇인가?"

아이무는 과거 노트를 다시 읽으며 간신히 대답할 수 있었다.

"다음으로 셋. 기타야마 사장과 온라인 미팅을 할 때 어떻게 하면 최종 선발에 통과할 수 있다고 말했나?"

아이무는 기타야마 사장과의 온라인 미팅을 떠올렸다.

(한 업체를 선택하는 최종 2차 심사는 **'어느 쪽이 우리 회사를 이해해줄 수 있는 파트너인가'**가 핵심입니다.)

그렇다. **'어느 쪽이 우리 회사를 이해해줄 수 있는 파트너인가'**.

이것이 가장 중요한 선발 기준이었다.

아이무는 그제야 경쟁에서 이겨야 한다는 생각에 급급해 가장 중요한 사실을 잊고 있었다는 걸 깨달았다.

note

✓ **누구에게?**

기타야마 사장. 골프가 취미. 경영을 골프에 빗대어 이야기함.

고객 접점을 가장 중요하게 생각함. 사원들에 대한 애정이 많음.

✓ **무엇을?**

인재 교육을 중요하게 생각함. 미래 내재화를 위해, 매뉴얼 작성이 중요할 것으로 예상됨.

✓ **어떻게?**

선발 기준은 '어느 쪽이 우리 회사를 이해해줄수 있는 파트너인가?'

노트에 글을 다 쓴 아이무는 흥분했다.

"그야말로 '**대략적으로 생각한다**'네요!

요즘은 경쟁사만 생각하다 보니 생각이 미치지 못했습니다.

이제 경쟁사 생각은 하지 않겠습니다!"

야시로는 할 말이 남았다는 듯 아이무를 가라앉혔다.

"아니 잠깐만, 이번엔 단판 승부네.

기본은 갖춘 것 같으니 이제부터 경쟁자를 완전히 이기고 결정권자를 움직일 수 있는 비책을 짜내볼까?"

"자네의 스마트폰 대기화면을 보게나."

아이무는 자신의 스마트폰 대기화면을 화면에 띄웠다.

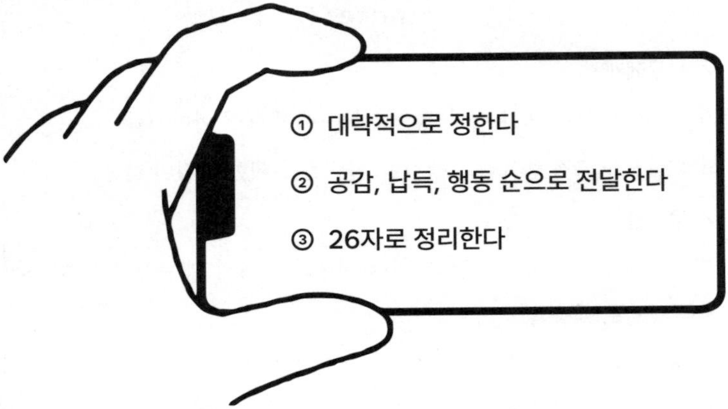

펀치라인의 4대 법칙

"드디어 세 번째."

"**26자로** 정리한다……."

"그렇네. 어떻게 하면 짧은 말로 상대방에게 전달할 수 있을까?

법인 영업에서 구매 결정에 관여하는 사람이 몇 명인지 알고 있나?

평균 5.4명이네.[18] 그래서 여러 결정권자에게 깊은 인상을 심어 주기 위해서는 임팩트 있는 말을 만들어야 하는 거라네."

"그 말은 임팩트 있는 말을 만들더라도 5.4명이 공통적으로 공감할 수 있도록 해야 한다는 뜻이네요."

---

18 브렌트 아담스 외, 《숨은 키맨을 찾아라》, 실업의 일본사, 2018

"다만, 이번 영업 대상은 조금 다르네. 상대가 회사의 사장이지.

이렇게 운이 좋을 수가 없네.

그 사장에게만 울림을 줄 수 있는 말을 만들면 되니 말이네.

이런 것을 '**꽂히는 캐치프레이즈**'라고 하네.

또는……."

"또는……?"

"또는 '펀치라인'이라고도 하네.

펀치라인이란 원래 이야기나 농담에서 마지막을 장식하는 부분을 말하네.

요즘은 힙합이나 랩 배틀에서 인상 깊게 남을 만한 강렬한 가사를 뜻하기도 하지.

요컨대 '**발언 중에서 가장 인상적인 말 한마디**'를 펀치라인이라고 한다네."

"쉽게 말해 임팩트가 있는 말을 잘 뽑아내야 한다는 거군요."

"좀 더 정확하게 말하면, 아이무 자네가 말하는 사장님에게만 꽂히는 펀치라인을 뽑아내는 것이지."

"꼭 어떻게 뽑아내는지 알려주세요."

"'**펀치라인**'과 '**캐치프레이즈**'를 동의어라고 한다면, 고객을 끌어당기는 캐치 카피에는 4대 법칙[19]이 있네."

---

19 요코타 이사오, 《최강의 카피라이팅 바이블》, 다이아몬드사, 2016

"그걸 알려주세요. 부탁합니다."

"캐치 카피라고 하면 어떤 이미지가 떠오르나?"

"음, 뛰어난 재능을 가진 카피라이터만이 가진, 사물에 대한 '감각'을 말하는 스킬, 그런 느낌이지 않을까요?"

"글쎄, 그럴 수도 있겠지. 하지만 상업적인 캐치프레이즈는 항상 A/B 테스트를 통해 검증을 반복하고, 과학적 검증이 반복된다네.

그 결과, 어떤 말의 반응이 좋을지, 이미 답이 나와 있지."

"그게 바로 **4대 법칙**이군요…."

"맞네, 지금부터 만드는 펀치라인에 4대 법칙 중 하나를 넣어보게. 그건 상대를 주어로 하는, 즉 상대에게 **4가지 감각**이 들어 있는지 의식하는 거네.

4가지 감각이란 **'이익'**, **'새로움'**, **'희소성'**, **'간편함'**이라네."

"먼저, 4대 법칙을 노트에 적어두게. 이것만으로는 알기 힘들 테니 사례를 들어 설명하겠네."

아이무는 야시로가 하는 말을 계속해서 노트에 적었다.

note

1. 이익

읽는 사람은 항상 '혜택 원한다'.

2. 새로움

읽는 사람은 항상 '새로운 정보'를 원한다.

3. 희소성

읽는 사람은 항상 '호기심×이익×새로운 정보'를 원한다.

4. 간편함

읽는 사람은 항상 '일하지 않고 이익'을 원한다.

'이익'으로 고객을 끌어들여라

"그렇다면, 먼저 첫 번째는 '이익'이네. 누구나 자신에게 '득'이 되는지 여부가 가장 큰 관심사지. 예를 들어, 아이무 군은 최근에 '이익'이 되는 펀치라인에 끌린 적이 있나?"

"펀치라인이나 캐치프레이즈는 아니지만, 어젯밤 퇴근길에 **'꼬치구이 반값!'**이라는 입간판에 끌려 새로운 맛집을 개척한 일은 있습니다."

"그래, 그거네. 아마 **'반값'**이라는 문구에 끌린 걸 거네.

지갑에서 나가는 돈이 절반으로 줄어든다는 '이익'에 철저하게 충실한 끌림이지. 훌륭한 펀치라인이네. 게다가 그 간판에는 지금부터 말할 중요한 본질이 포함되어 있다네."

"본질? 무슨 뜻인가요?"

"그건 바로 **'숫자'**네. **'이익 = 숫자'** 이게 본질이라는 것이네.

'반값'의 **'반'**도 **'50%'**라는 숫자의 일종이니까 말이네.

숫자를 펀치라인에 넣으면 일단은 시선을 끌기가 쉽지.

앞으로 몇 가지 사례를 말할 텐데 참고하게."

야시로는 화면 공유를 준비하며 설명을 시작했다.

"지금부터 3가지 어필 패턴을 바탕으로 사례를 살펴보겠네.

3가지란 **'가격 어필'**, **'품질 어필'**, **'효율성 어필'**을 말하네."

✦ 사례 1 : 가격 어필

"사람들은 항상 '싸고 좋은 것'을 원하네. 바꿔 말하면 '비싸고 나쁜 것'을 원하는 사람은 없다는 것이네. 그렇지 않나?"

아이무는 고개를 끄덕였다.

"그래서 아이무 군과 같은 영업사원의 경우 고객을 상대로 어필하는 요소도 한정되게 되어 있네. 그중 하나가 가격이네. 그럼 '우리는 가격 면에서 가장 우위에 있습니다'를 펀치라인으로 만들어 보게."

"음……. 어렵네요. '업계 최저가' 이렇게 하면 어떨까요?"

아이무는 조심스럽게 캐치프레이즈를 제안했지만, 야시로는 전혀 귀 기울이지 않고 말을 했다.

"좀 전에 꼬치구이 집의 예가 나왔으니까 그것과 비슷한 사례를 들어보겠네."

문법 : '큰 볼륨' + '작은 가격'

소 한 마리를 먹어도, 9,990원.

고깃집 뉴후지야

"어때? 압도적으로 **'이익'**으로 느껴지지 않나?"

"네. 이익이라는 생각이 들고, 그 이상으로 눈이 휘둥그레졌어요. 왜 그럴까요?"

"문법을 보면 **'큰 볼륨'**과 **'작은 가격'**의 갭을 사용하고 있네. 단순한 '무한리필'보다 임팩트가 있지 않나?"

아이무는 문장 하나로 눈이 휘둥그레지고 마음을 끌어당길 수 있다는 사실에 새삼 경악했다.

✦ 사례 2 : 품질 어필

"좀 전에는 **'싸고 좋은 것'**의 전자인 **'싸게'**에 초점을 맞췄다면, 이번에는 후자인 **'좋은 것'**에 초점을 맞춰보겠네."

"그걸 숫자로 표현하는 거군요! **'넘버 원 품질'**은 어떨까요?"

아이무는 다소 자신감을 가지고 말했다. 야시로는 또다시 아이무의 말을 무시한 채 사례를 소개하기 시작했다.

"이것도 오래전부터 사용되던 건데 여전히 효과가 있는 거지."

문법 : '큰 가격' + '사용 혜택'

100명이 올라타도 괜찮다!

이나바 제작소

"이 카피를 보면 어떤 느낌이 드나?"

"엄청 튼튼한 창고구나……."

"바로 그거야. 이 창고의 우수한 품질.

즉, 포인트는 **'견고함'**이네. **'강하다'**라는 뜻이지.

그것을 염두에 두고 카피를 다시 보게.

여기에 '강하다'라고 쓰여 있나?"

"아! 쓰여 있지는 않네요. 어디에도……."

아이무는 그 사실을 깨닫고 몰래 감탄했다.

"가령, 아이무 군이 말했듯이 **'견고성 넘버 원 품질'**과 같은 카피라면 어떨까?"

아이무는 고민했다.

견고하다는 것을 직접적으로 말하며 어떠한 기준 없이

'넘버 원'이라고 말하는 것은 아무래도 설득력이 약했다.

"객관성이 없고 신뢰성이 떨어져서 조금 의심스러운데요."

"맞네. '강하다'를 객관적으로 증명하는 숫자를 언어화한 것이, **'100명이 올라타도'**가 된 거네. 상당히 머리를 썼을 거야."

✦ 사례 3 : 효율성 어필

"좋아, 이번에는 '효율성'이네.

'효율이 나쁘다'보다 '효율이 좋다'가 당연히 좋겠지?

그러면 **'효율이 좋다'**를 어떻게 정의하면 좋을까?"

"효율이 나쁘다는 **'노동은 많이 하고 이익은 적다'**가 되겠죠.

그러면 **'노동은 적게 하고 이익은 많다'**가 효율이 좋겠네요."

"맞네. 그리고 모두가 **'적은 노동 고수익'**을 원하지.

그래서 숫자를 넣어서 펀치라인을 만들어보게."

"음…… **'갈아타는 것만으로도 전화 요금이 반으로 줄어듭니다'**

이건 어떠세요!"

아이무는 자신 있게 말을 꺼냈지만, 야시로는 다시 한번 아무런 반응을 보이지 않고 다음 화면을 공유했다.

"……이것도 잘 만든 카피네."

아이무는 입을 다문 채 화면을 바라봤다.

문법 : '단시간' + '달성'

10초 충전

모리나가 제과

"혹시 자네도 아는 제품인가?"

"네, 피곤할 때 자주 먹습니다. 젤리처럼 되어 있어서 먹기도 편하고 진짜 에너지가 충전되는 느낌이에요."

"이것도 문법에 주목해보게. '단시간 + 달성'을 단순한 말로 짜여 있어서 임팩트가 있네. 짧은 단어는 자칫하면 설명이 부족해지기 쉽지만, 이렇게 문법을 활용하면 짧긴 하지만 임팩트를 강조할 수 있게 되네."

아이무는 진지하게 고개를 끄덕였다.

쉽게 만들어지는 게 아니라, 수많은 생각을 통해 만들어지는 게 캐치프레이즈라는 걸 새삼 느끼게 되었다.

"좋아, 다음은 '새로움'이네."

'새로움'으로 고객을 끌어들여라

"4대 법칙의 두 번째는 **'새로움'**이네. 텔레비전을 보다 보면 가끔 뉴스 속보가 나올 때가 있을 것이네.

뉴스 속보에 눈이 가는 메커니즘을 알고 있나?"

"그러고 보니 궁금하네요. 왜 그러죠?"

"아직 아무도 모르는 **'새로운 정보'**를 접하고 싶어 하는 인간의 심리가 그렇게 만든다네. 그리고 '속보'는 반드시 경보음을 울리지."

"그렇죠. 그 소리에 주목하게 되죠. 어디선가 지진이 일어났나? 무슨 큰 사건이 일어났나? 그 소리를 들으면 그런 생각이 들죠."

"그래, 사실 그 소리는 무언가를 예측하게 한다는 의미에서도 매우 중요하다네.

글이나 말로는 어떻게 표현할 수 있을까?

'삐삐! 주목해주세요'라고 하지는 않을 거네."

"어떻게 하면 좋을까요?

말로 새로움을 표현하는 것은 어렵지 않나요?"

"음. 힌트는 **'예고'**네. 오! 뭔가 시작되겠군, 하는 것을 말로 표현하면 되네. 그럼 **'새로움 어필'**, **'가까운 미래 날짜 어필'**, **'최근 날짜 어필'** 3가지 사례를 살펴보겠네."

✦ 사례 4 : 새로움 어필

"'새로움'을 표현하는 가장 쉬운 방법은 '새' 또는 '신(新)'과 같은 단어를 넣는 거네. 연하장에 '새해 복 많이 받으세요'라고 적는 것과 같은 것이지.”

문법 : ‘새’ + ‘새로워진 내용’

완성했습니다! 새로운 맛있는 맛!

기린 맥주

“확실히 ‘새’나 ‘New’가 붙으면 눈이 가긴 하죠.”

“‘새’ 뒤에 무엇이 달라졌는지, 그 내용을 전달하면 더 알기 쉽게 전달할 수 있네.”

✦ 사례 5 : 가까운 미래 날짜 어필

“아이무 군은 신상품을 출시한 적이 있나?”

“네, 있습니다. 콜센터는 전화 연결의 용이성을 나타내는 ‘응답률’이 중요한데, 실제로는 받을 수조차 없이 전화가 폭주하는 ‘마비’를 막는 것이 중요하죠. 그런데 그러기 위해서는 사람이 필요하죠.”

“음, 그래서?”

“그래서 최신 음성인식 기술을 활용한 AI(인공지능) 접수 서비스를 연말에 출시할 예정입니다. 자랑 같습니다만, 업계에서 가장 앞선 기술을 도입했습니다.”

“딱 좋군. 그 ‘새로움’을 언어화해서 ‘예고’해보게.”

"아, 카피는 이미 만들었습니다. '최신 AI 기술이 여기에'입니다."

"으음, 설렘이 잘 전달되지 않는 것 같은데.

이럴 때는 가까운 미래의 날짜를 넣으면 효과가 있을 걸세."

문법 : '미래 날짜' + '행동'

2021년 9월 14일 스타트

Canon

"어? 이건 말보다는 날짜인가요……?

무엇이 시작될까, 라는 느낌입니다."

"음, 조금 앞의 날짜 뒤에 액션을 넣으면, '드디어'라는 느낌이 들게 되네.

전문적으로 말하면 티저 광고라고 하지.

상품을 메인으로 내세우는 것이 아니라,

단편적인 정보만을 공개해서 고객들의 관심을 끌도록 의도된 기법이지."

"그렇다면 지금부터 미래의 날짜를 넣어서,

'12월 1일, 아무도 모르는 AI 기술이 시작된다' 이런 건가요?"

"그렇지, 그런 식이네. 그렇게 하면 자동적으로 가까운 미래 느낌이 느껴지지."

✦ 사례 6 : 최근 날짜 어필

"가까운 시일의 느낌을 내기 위해서는 미래의 날짜라면, 그보다 좀 더 가까운 경우는 어떻게 해야 하나요?"

"그 경우에는 날짜를 단어로 변환해서 전달하면 좀 더 현장감이 높아지네.

예를 들어, 오늘을 10월 1일이라고 한다면 2일은 **내일**, 3일은 **모레**, 8일은 **일주일 후** 라고 말하는 것이 더 실감이 난다는 거네.

이런 말이 좀 더 현장감을 내기 쉽지."

문법 : '최근 날짜' + '이벤트'

오늘 밤 3월 25일(금) 생중계

니혼TV

"'**오늘 밤**'이라고 하니 '드디어'라는 느낌이 더 강해지네요."

"이렇게 '**새**'나 '**가까운 날짜**'를 넣으면 새로운 느낌이 만들어지네. 그런데 주의도 필요하네."

"어떤 주의가 필요한가요?"

"어떤 '**새**' 상품도 시간이 지나면 낡아진다는 것, '**날짜**'는 명시한 날짜가 1초라도 지나면 낡아진다는 것이네.

'**새로움**'은 영원히 지속되는 것이 아니기 때문에 적절한 시기에 적절하게 사용하는 것이 최적의 효과를 낼 수 있네."

"알겠습니다! 다음은……?"

"'**희소성**'이네."

'희소성'으로 고객을 끌어들여라

"4대 법칙의 세 번째는 '희소성'이네.

아이무 자네는 신기하게 생각하는 관심사가 있나?"

"신기하다고 생각하는 것 말인가요? 외계인, 유령, 네시[20]와 같이, 아직 밝혀지지 않은 존재에 관심이 있습니다."

야시로는 활짝 웃었다.

"나도 네시가 궁금하다네. 대학 시절의 동창생은 네스호를 잠수함으로 조사하는 것이 평생의 소원이라고 말했다네.

이야기가 좀 벗어났지만, 아이무 자네처럼 사람들은 항상 호기심이 많은 존재라네.

그럴 때는 '그다음'을 예감할 수 있는 말을 만들어주면 된다네."

"'그다음'이라고요?"

"그렇다네. '그다음'을 듣고 싶고, 엿보고 싶은 마음이 들게 하는 말을 만드는 거네.

---

20 영국 스코틀랜드 네스호수에서 목격된 것으로 알려진 미확인 생명체로, 20세기 최대의 미스터리로 회자되며 그 존재가 아직 확인되지 않고 있다.

여기서는 **'기대 어필'**, **'답 어필'**, **'반어법 어필'**, **'부정 어필'**의 4가지 사례를 살펴보도록 하겠네."

✦ 사례 7 : 기대 어필

"아이무 군, 우리는 가끔 **'~인 것에 비해'**라는 표현을 쓰네.

이것을 하나의 문장을 만들어보게."

"음…… **'큰 몸집에 비해 약골이다'** 같은 거요?"

"오~! 문장이 술술 나오는군. 좋은 예문이네.

이 **'~인 것에 비해'**는 역설을 나타내는 표현이네.

즉, **'~인 것에 비해'**의 바로 다음에는 예상치 못한 말이 이어지네.

그리고 그 감각이 몸에 배어 있는 것을 교묘하게 이용한 것이 다음 문장이네."

문법 : '명사·형용사' + '것에 비해'

싼 것에 비해.

SEIYU 슈퍼마켓

"'싼 것에 비해' 뒤에 마침표가 있어서 그다음이 궁금해지네요."

"이것은 착각의 언어를 아주 훌륭하게 이용하고 있네."

"착각의 언어요?"

아이무가 흥미로운 눈빛으로 질문했다.

"가격과 품질은 비례하는 경우가 많기 때문에 '싸니까 나쁠 거야'가 순접(順接)되게 마련이지.

그런데 **'~인 것에 비해'**는 역접(逆接)이기 때문에 **'싼 것에 비해'**의 다음은 **자동으로 '좋을 거야'**가 되는 거네.

다만, 그다음을 말하지 않음으로써 궁금증을 유발하는 것이네."

"우와! 이건 정말 영리하다고 해야 할지, 훌륭하네요."

야시로가 동의한다는 듯 고개를 끄덕였다.

"캐치프레이즈, 펀치라인은 모든 것을 설명하지 않아도 되지.

상대의 마음에 꽂혀서 끌어들이는 것이 목적이네."

✦ 사례 8 : 답 어필

"좀 전에 네스호수의 네시가 궁금하다고 했는데, 정말 생존하고 있는 걸까? 그 답은 나왔나?"

"그게, 아직입니다. 그래서 궁금합니다."

"그렇군. 사실은 아이무 자네처럼 **'답'**이 나오지 않은 **'질문'**이라는 것은 매우 신경 쓰이는 것이네. 이것 좀 보게."

아이무는 야시로가 공유한 화면을 보았다.

문법 : '의문부호' + '객관적 사실'

왜, 내가 도쿄대학교!?

요츠야학원

"어? 의문문이 카피가 되는군요."

"그렇네. 의문문으로 질문하면 그 뒤에 나오는 답이 궁금해지네."

✦ 사례 9 : 반어법 어필

"'화재와 싸움은 에도의 꽃'이라는 일본 속담이 있듯이 에도시대에는 대부분이 목조건물이었기 때문에 화재가 잦았네.

현대에는 소방 기술도 발전해서 에도시대만큼 화재가 자주 일어나지는 않지만, 인터넷상의 불길은 에도시대의 화재보다 더 자주 일어나고 있네."

"맞습니다. 사소한 말 한마디가 인터넷에서 불을 지피면 순식간에 번지죠."

"한편으로는 반어법으로 불을 붙이고, 희소성으로 사람을 끌어들일 수 있네. 예를 들어……."

"세상에! 이거 요즘 같은 세상에는 큰일 날 말인데요."

문법 : '반어' + '긍정적인 말'

여자는 대학에 가지 마라

고베여자대학교

"잠깐만 있어보게. 사실은 먼저 의도하지 않은 강렬한 '반어'를 내세우고, 그 뒤에 '배울 수 있는 행복을 소중히 여겨라'라는 진짜 메시지를 이어가는 거네."

"아! 그렇군요. 게다가 여자대학교가 발신자이기 때문에 이 캐치프레이즈는 진심일 리가 없겠죠. 용기가 대단하네요."

"실제로 일본의 SNS 등에서 크게 화제가 되었지만, 진심이 담겨 있어서 문제가 되지 않았네.

세상의 관심을 끌었다는 점에서는 굉장히 효과가 있었던 것 같더군."

"다시 한번 강조하지만, 반어로 관심을 끄는 경우는 진의가 확실하지 않으면 화를 불러일으킬 수 있으니 주의해야 하네."

✦ 사례 10 : 부정 어필

"먼저 '부정'을 내세우는, 반어법 어필과 비슷한 사례네."

문법 : '부정' + '대안'

대학생에게, 노트북은 필요 없다.

일본 마이크로소프트

"이것도 순간적으로 '어?'라는 생각이 들었어요. 지금 시대에 컴퓨터 없이 대학 생활을 할 수 없으니까요."

"그렇지. 그 상식에 반론을 제기하고, 대안을 제시하는 거지."

'간편함'으로 고객을 끌어들여라

"4대 법칙의 마지막은 '간편함'이네. 아이무 군, 이런 말은 어떻게 생각하나?

'매일 10킬로미터를 달리면 1년에 10킬로그램을 감량할 수 있다.'"

"체중 10킬로그램은 빼고 싶지만, 매일 10킬로미터를 뛰는 것은 힘들 것 같네요."

"맞는 말이네. 앞의 카피는 **'노력해서 얻는 이익'**이지만,
사람들이 원하는 것은 **'노력하지 않고 얻는 이익'**이니까.
우선, **'노력하지 않고 얻는 이익'**을 전제로 하고,
'간편함'을 느끼게 하려면 **'리듬'**이 필요하네."

"리듬…… 말입니까?"

"그렇다네, 리듬. 문장은 짧은 단어로 두 단어, 세 단어로 나누면 리듬이 생기기 쉽네.

'품질, 가격, 납기 어필', '목표, 혜택, 수단 어필', '내용, 혜택 어필'을 소개하지."

✦ 사례 11 : 품질, 가격, 납기 어필

"아이무 군은 '품질, 가격, 납기'를 중요하게 생각하나?"

"야시로 선생님, 저도 영업사원이에요. 타사에 밀리지 않기 위해 항상 '품질, 가격, 납기'에 신경을 쓰고 있습니다. 다만 그것을 짧은 말로 표현하는 것이 좀 어렵기는 합니다."

"다른 업종이지만, 멋지게 표현한 예가 여기 있네."

"이 정도라면 쉬울 것 같네요."

문법 : 세 단어(품질, 가격, 납기)

맛있다, 싸다, 빠르다.

요시노야(일본 규동 체인점)

"오, 알아차렸나? 이 캐치프레이즈는 간단한 만큼 상당한 고민을 했을 거네."

"아니요. 전혀 모르겠는데요."

"이것들은 규동의 '**품질(맛있다)**', '**가격(싸다)**', '**납기(빠르다)**'를 표현하고 있네. 그리고 고민한 것이 문장의 주어네."

"문장의 주어?"

"이 문장의 주어는 발신자가 아니네.

모두 고객을 주어로 한 말들이네.

그렇게 변환한 점이 대단한 것이네.

그래서 오래도록 사랑받는 거지."

"그러고 보니 제안 자료를 만들 때도 항상 우리 회사 관점에서 생각했네요."

"괜찮네. 다음에 연습해보게."

✦ 사례 12 : 목표, 혜택, 수단 어필

"그럼 다음 주제네. 고객의 '**목표**', 거기에 도달하기까지의 '**혜택**', 그리고 '**수단**'.

그것을 고객의 입장에서 문장으로 표현할 수 있겠는가?"

"아니요. 이번에는 잘 모르겠어요……."

"좋아, 그럼 이걸 좀 보게."

"도쿄의 하네다공항은 도심에서 접근이 다소 불편하지.

문법 : 세 단어(목표, 혜택, 수단)

하네다로 붕. 케이큐!

케이큐전철(일본의 전철회사)

여기서 공항 이용객들은 몇 가지 선택지가 있지. 모노레일, 버스, 택시, 그리고 전철인 '케이큐'네. 공항 이용객들은 모두 짐을 가지고 있고 서둘러야 해. 그런 사람들을 대상으로 이 광고는 명확한 선택지를 제시하고 있네."

✦ 사례 13 : 내용, 혜택 어필

"말은 짧게 압축하면 이것저것 장황하게 말하는 것보다 전달하기 쉽네.

그러나 문장이 길어지면 필요 없는 접속사가 많아지게 되네.

그런 점에서 단어만 나열하는 2단어 문법도 간결하면서도 리듬이 만들어지기 쉽다네."

문법 : 2단어(내용, 혜택)

신의 수업, 무한 관람

리쿠르트(구인광고, 인재 소개 및 파견 회사)

"이건 간단하지만 엄청 이득인 것 같네요.

'환상의 와규, 무한리필'과 같은 느낌이네요."

"이렇게 즉각적으로 바꾸는 것이 말을 잘하는 비결이라네."

상대에게 맞춘다

최종 프레젠테이션까지 하루가 남았다.

야시로에게 4대 법칙을 배우고, 다양한 시각을 갖게 되었다.

그 덕분에 스즈키를 비롯한 스태프들의 아이디어도 빌리면서, 기타야마 건강 도장의 최종 경합에서 발표할 펀치라인도 짜낼 수 있었다.

다가오는 12월 1일 출시 예정인 '최신 AI 음성인식 기술'이 경쟁사인 커스터머 재팬을 능가하는 차별화 포인트가 될 것이다.

그 때문에 프레젠테이션의 타이틀과 핵심 포인트(펀치라인)를 그 최신 기술에 맞춰 계속 다듬고 있었다.

그때쯤이었다.

스태프인 스즈키가 벌겋게 상기된 얼굴을 하고 달려왔다.

"아이무 씨, 큰일 났어요! 커스터머 재팬이 우리보다 먼저 AI 음성인식 기술 콜센터를 론칭하고 보도자료를 냈어요!

“뭐? 그럼 최신 AI 관련 펀치라인을 쓸 수 없게 되잖아!”

“네. 그렇죠. 경쟁사에 있는 다카지마 군은 확실한 품질과 출시 속도에서 우위를 점하고 있어요. AI 기술을 차별화 요소로 내세우고 있어요!

그렇게 되면 우리 회사의 제안은 2등으로 취급받게 될 겁니다.”

아이무는 그날 밤, 다시 야시로에게 상담을 요청했다.

야시로는 조용히 아이무의 설명을 듣고 난 후 입을 열었다.

“최신 AI 기술로 승부하면 지는 거군……. 아직 방법은 있네.”

“어떤 방법입니까? 뭐든지 하겠습니다. 알려주십시오.”

“자네의 정보에 의하면 클라이언트사의 사장은 **인재 교육**에 관심이 많고, 골프를 좋아한다고 했지? 그것을 반영한 프레젠테이션을 해보면 어떨까?”

아이무는 눈이 번쩍 떠졌다.

최신 AI 기술에만 신경을 썼는데, 화상 미팅 때의 기타야마 사장의 진짜 목표는 사원 교육이고, 그다음 목표는 콜센터 내재화였다.

“야시로 선생님, 이제야 **‘상대방을 생각하라’**라는 가르침이 내 것이 된 것 같네요.

저도 모르게 내가 하고 싶은 말만 하게 되면 상대방과 멀어지게 되더라구요. 말씀하신 것을 힌트로 다시 정리하겠습니다.

바쁘실 테니 이만 실례하겠습니다.”

사실 바쁜 건 아이무 쪽이었다. 지금부터 밤을 새워서라도 제안서를 다시 써야만 한다.

그때였다.

"잠깐만, 가장 어려운 펀치라인에 대해서만 힌트를 좀 주겠네.

클라이언트사의 사장님의 취미가 골프였지?

골프 실력은 어느 정도지? 스코어는 몇 점인 줄 아나?"

"아마 최고 점수가 71이라고 들었습니다만, 이 점수가 대단한 건가요?"

"71? 언더파군. 아마추어 골퍼에게는 꿈의 점수지. 상당한 실력이군."

"'골프와 경영은 통하는 부분이 있다'라고 말씀하셨어요."

"골프도 경영도 꽤나 고생해서 현재의 위치에 이르렀다는 것을 알 것 같군.

좋아, 펀치라인은 골프 용어로 가세."

야시로는 아이무에게 골프 개념에 대해 간단히 설명했다.

1라운드는 18홀로 구성되어 있고, 홀마다 '파'라는 규정 타수가 있다.

1라운드의 규정 타수는 72타이므로 71을 기록한 기타야마 사장은 언더파를 달성한 상급자다.

적은 타수로 라운드할수록 좋은 성적인 골프에서는 **파(규정 타**

수)로 라운드하는 것 자체가 어렵다. **파**보다 1타 적으면 **버디**, 2타 적으면 **이글**인데, **이글**은 프로라도 그렇게 자주 칠 수 없는 난이도라는 걸 이해했다.

그래서 야시로의 지혜를 빌려 **'희소성'**을 이용해 다음과 같은 펀치라인을 만들어보았다.

"1번의 이글보다, 18번의 파를"

이 펀치라인은 은유적 요소를 포함하고 있다.

'1번의 이글'이란 최신 AI 기술을 통한 새로운 콜센터에 대한 제안이다.

'18번의 파'는 3년에 걸쳐 콜센터 내재화를 목표로,

1년에 6단계, 3년간 18단계의 꾸준한 인재 육성 및 매뉴얼 작성 계획을 제시한 것이다.

즉, 경쟁사인 커스터머 재팬에 선점당한 **화려한 최신 AI 기술보다도 꾸준한 인재 육성을 통한 장기적인 내재화**에 도움을 주겠다는 의미를 담고 있다.

최종 자료에는 예상되는 과제에 대한 해결 방안으로 벙커에서 벗어나는 삽화를 넣어 골프의 맛을 더했다.

10월 31일.

운명의 최종 프레젠테이션이 시작되었다.

상대를 생각하여 짧은 말로 전달한다

11월 1일.

프레젠테이션 다음 날. 선정 결과는 메일로 연락을 준다고 해서 또다시 사무실 책상에 엎드려 결과를 기다렸다.

스즈키 사원이 다급하게 아이무에게 달려왔다.

"전 직장 동기에게 들었는데요. 이번 경합을 책임진 다카지마라는 친구가 프레젠테이션을 정말 잘해서 다들 '수주 확정'이라고 생각한다네요. 그래서 오늘 밤 레스토랑을 빌려서 축하 파티를 한다고 하네요.

아이무 씨의 프레젠테이션은 어땠어요?"

그 소식을 들은 아이무는 순간 불안해졌다.

생각한 메시지를 제대로 전달했다는 자신감은 있었다.

다만, 골프 용어를 사용했더니 상대방이 돌직구 질문을 날렸다.

"알바트로스[21] 노리지 않으시는 건가요?"

---

21 파(규정 타수)에서 3타 적은 타수

"더블 보기[22]가 되면 어떻게 복구하나요?"

"여기서 뒤땅[23]을 치지는 않을까요?"

그때마다 대답이 어정쩡해지자 기타야마 사장이 말했다.

"어? 실제로 골프를 치지는 않으시군요."

아주 냉정한 대답이었다.

(망했다. 분명 경쟁사의 프레젠테이션이 더 좋았구나!)

아이무는 자신의 한심했던 모습을 저주했다.

머리를 감싸고 있을 때, 스즈키가 나를 바라보며 전화를 받았다.

"네, 안녕하십니까. 아이무 말씀이십니까?

지금 바꿔드리겠습니다. 조금만 기다리십시오."

전화를 바꿔주는 사이 스즈키가 흥분한 표정으로 속삭인다.

"아이무 씨! 기타야마 건강 도장의 기타야마라고 합니다!

사장님 같아요. 혹시 좋은 소식일지도!"

아이무는 심호흡을 하고 전화를 바꿨다.

"아이무 씨인가요?

경합 건에 관해 메일로 결과를 통지해드릴 예정이었습니다만,

아무리 생각해도 직접 말씀드리고 싶어서요.

이번 프로젝트를 귀사에 맡기기로 했습니다.

---

22 파보다 2타 많은 타수

23 공을 칠 때 공 뒤 지면을 먼저 치는 것

잘 부탁드리겠습니다.”

아이무는 믿을 수 없다는 표정으로 되물었다.

“감사합니다. 정말 기쁩니다.

반드시 좋은 결과로 보답하겠습니다. 그런데 한 가지 여쭙고 싶은 것이 있습니다.

왜 저희 회사를 선택하셨나요?”

“사실은 그것을 말씀드리고 싶어서 이렇게 직접 전화를 드렸습니다.

이번에 함께 경합을 펼쳤던 회사의 제안 내용과 프레젠테이션도 대단히 훌륭해서 고민이 많았습니다. 그런데 귀사가 우리 회사를 잘 이해하고 있고, 저의 눈높이에 맞춰 전달하려는 자세가 좋았기 때문입니다.

우리 회사와 저를 이해해주는 곳이 귀사라고 느꼈습니다. 다만, 한 가지 아쉬운 점이 있었습니다.”

아이무는 가슴이 철렁했다.

“그건 바로 당신이 골프를 치지 않는다는 것입니다.

골프를 치지 않으면서 골프 용어를 프레젠테이션에 넣는 것은 하지 않는 게 좋았을 뻔했습니다.”

아이무는 전화기를 든 채로 머리를 깊숙이 숙이며 사과를 했다.

“그래서 제안이 있습니다. 다음에 계약 체결을 위해 규슈에 오시면 함께 골프를 치지 않으시겠습니까? 제가 처음부터 가르쳐드릴 테니까요.

'1번의 이글보다, 18번의 파를'

이 말이 정말 마음에 와닿았어요.

그 의미가 제대로 이해될 때까지 함께 라운딩을 합시다."

전화를 끊은 뒤에도 아이무는 계속 고개를 숙여 인사를 했다.

(**상대를 생각하며 짧은 말로 전달한다.** 이 승리 요인을 잊어서는 안 된다.)

이 경험은 아이무에게 앞으로의 운명을 바꿀 수 있는 큰 자신감이 되었다.

칼럼

상대의 이익을 생각하자

'전달한다'라는 행위에는 빠지기 쉬운 함정이 있습니다.

그것은 **'상대방이 듣고 싶은 말'**보다 **'자신이 하고 싶은 말'**을 우선시하는 것입니다.

양자가 동등한 상태라면 문제가 없습니다.
'상대방이 듣고 싶은 말' = '자신이 하고 싶은 말'

그런데 종종 '자신이 하고 싶은 말'이 더 우선시되는 경우가 있습니다.
'자신이 하고 싶은 말' > '상대방이 듣고 싶은 말'
'자신이 하고 싶은 말'이 '상대방이 듣고 싶은 말'보다 하기 쉽기 때문입니다.

하지만 '상대방에게 전달해서 행동하게 하는 것'이 목적이라면 이렇게 해야 합니다.

'상대방이 듣고 싶은 말' > '자신이 하고 싶은 말'

왜냐하면 상대방에게는 당신이 하고 싶은 말보다 그의 관심사가 더 우선이기 때문입니다.

이 **대원칙**을 한마디로 요약하면 '**상대방의 이익을 생각하자**'가 됩니다.

이것은 생각보다 어려운 일입니다.

여기에 하나의 성공 사례를 소개하겠습니다.

어떤 '상품'을 '고객'에게 설명하는 과정에서 자칫 고객을 소홀히 하고 제품 사양 등에만 집중하기 쉽습니다.

예를 들어, 제조업의 대표 업종인 자동차는 제품 스펙만으로 상품의 좋고 나쁨을 쉽게 짐작할 수 있습니다.

· 마력

· 연비

· 승차 인원수

· 크기

· 디자인

이런 스펙만으로도 자신이 하고 싶은 말을 많이 만들 수 있습니다.

이 모든 것을 주제로 해서 고객의 이익을 언어화해야 한다, 이것은 매우 어려운 일입니다.

아이와 함께 어디로 갈까?

HONDA

이 사례는 그 어려운 일을 아주 쉽게 표현한 좋은 예입니다.

이것은 대히트한 미니밴의 캐치프레이즈입니다.

'누구에게'는 아마 30대 가장인 아버지일 것입니다.

'무엇을'에 제품 스펙을 넣을 수도 있었을 것입니다.

그러나 제품 스펙은 전혀 언급하지 않고 구매 후의 '체험 가치'를 문구에 담았습니다.

엄마가 만든 도시락, 축구공과 캠핑 도구를 가득 싣고 아이와 함께 어디로 갈까, 그런 설렘을 문구에 담았습니다.

여기서 '무엇을'이,

· 콤팩트한 사이즈

· 좋은 연비

· 승차 인원수

로 정의되었다면 전혀 다른 문구가 만들어졌을 것입니다.

그렇게 되었다면 '아이와 함께 어디로 갈까?'라는 설렘으로 연결하기 위해서는 한 단계의 변환 작업이 필요하게 됩니다.

그만큼 상대방에게 전달되기 어려워지는 것입니다.

상대방이 생각하게 하지 않으며 뇌에 부담을 주지 않는 그런 문구를 만들어야 합니다.

그러기 위해서는 철저하게 **'상대방의 이익'**에 초점을 맞춘 문구를 만들도록 해야 합니다.

제5장

마지막에서 처음으로

아이무, 사람을 움직이는 방법을 깨닫다

겨울 : 진화(進化)

1월 초순.

아이무는 어느 문구를 보면서 고민에 빠져 있었다.

이 이야기는 연말연시 동안, 아이무가 고향 군마현 마에바시에 귀향했을 때로 거슬러 올라간다.

✦

12월 30일.

아이무는 고향 군마현 마에바시로 귀향했다.

이날은 이 지역의 특징인 칼바람이 강해서 평소보다 추웠다.

코트 깃을 세우고 가게에 들어갔더니 점원들의 힘찬 목소리가 따뜻한 가게 안에 울려 퍼졌다.

그곳은 아이무의 중학교 선배가 운영하는 고깃집이었다.

얼마 지나지 않아 가게 주인인 선배가 테이블로 다가왔다.

"와, 아이무. 오랜만이야! 도쿄는 어때?"

"잘 지내고 있습니다. 얼마 전에는 대형 프로젝트를 따내서 내년

봄에는 승진도 할 수 있을 것 같아요. 미키바시 선배는요?"

가게 주인인 미키바시는 음식점 한길만 걸어온 사람이다.

원래는 선술집이나 바를 운영했지만, 코로나 사태로 인해 환기가 잘 되는 고깃집으로 비즈니스 모델을 전환했다.

"잠깐 괜찮아?"

그렇게 말하면서 앞치마를 벗고 아이무 맞은편에 앉았다.

"이젠 지방에서 가게를 운영하는 것은 힘들어. 손님이 별로 없어.

30석짜리 가게도, 봐봐, 너밖에 없잖아.

그래서 마지막 도박을 걸어보기로 했어."

"에? 선배 같은 겁쟁이가 도박을 걸겠다니요."

"다가오는 2월, 도쿄에 가게를 내려고. 게다가 세가 비싸다는 아카사카에 말이야."

"뭐라구요? 아카사카? 출발점으로는 조금 허들이 높지 않나요?"

"그래서 마지막 도박이라는 거야. 그것과 관련해서 너한테 일생일대의 부탁이 있어. 새로 오픈하는 가게의 어드바이저가 돼주지 않을래? 월급은 주지 못하지만 맛있는 밥은 언제든 먹여줄게."

"아뇨, 아뇨. 저는 못 해요. 왜 하필 저예요?"

"요즘 네 SNS를 보면 말투가 확연히 달라졌어.

나도 아무 생각 없이 가게를 운영하는 것이 아니야.

사람들을 보면 무엇을 배워야 하고, 무엇을 잘하는지 단번에 알 수 있어.

그래서 이렇게 말하는 거야. 그러니 좀 도와줘."

그렇게 말하며 미키바시 선배는 테이블에 이마를 붙이고 움직이지 않았다.

"선배, 머리 좀 드세요. 사실 어떤 선생님에게 말을 어떻게 전달해야 하는지에 대해 조금 배웠어요.

아직 아마추어의 경지에서 벗어나지 못했지만, 괜찮으시다면 도와드릴게요."

미키바시는 양손으로 아이무의 손을 감싸 쥐었다.

"그래! 도와줄 거지? 고마워.

사실 매일 밤 꿈을 꿨거든.

새로 오픈한 가게에 손님이 아무도 오지 않는 꿈을.

도와준다니 이렇게 기쁠 수가 없네. 내가 할 수 있는 일을 알려줘!

여기 최고급 갈비 10인분 가져와!"

"선배, 그렇게 많이 못 먹어요."

✦

새해가 되자 미키바시로부터 사전 오픈 안내문이 왔다.

손님을 유치하기 위한 안내문인데 도무지 전달이 되지 않는 문구였다.

어디서부터 지적을 해야 할지 모르겠다. 그럴 때 상담할 수 있는 상대는 한 사람밖에 없다.

마지막부터 생각하라

"야시로 선생님! 새해 복 많이 받으십시오.

그런데 이번에는 어디에 계십니까?"

화면 너머의 야시로는 또다시 캠핑카에 있었다. 그런데 배경이 새하얀 풍경이었다.

"지금은 연말연시를 맞아 스키장에 와 있다네. 이 회의가 끝나면 다시 스키를 탈 생각이네. 오늘은 무슨 일인가?"

아이무는 상황을 설명하고 미키바시의 안내문을 야시로에게 보여주었다.

"그래서, 내가 어떻게 해주길 바라나?"

"야시로 선생님이라면 어떻게 고치시겠습니까?"

"아이무 군, 이건 자네가 부탁받은 게 아닌가?

지금까지의 가르침을 바탕으로 스스로 생각하는 것이 자네의 역할이라고 생각하네."

야시로의 이례적인 엄격한 말투에 아이무는 적잖이 당황했다.

"하나만 힌트를 주겠네. **'공감, 납득, 행동'**은 기억하고 있지?

이건 사실 **'읽게 하는 순서'**네.

쓰는 순서는 다르네. **'마지막부터 생각하라'**네.

먼저 **'행동'**을 좁혀서 생각하고 다음으로 **'공감'**, 그리고 **'납득'** 이네.

왜 마지막인 '행동'부터 생각해야 하는지 알겠나?"

"죄송합니다. 잘 모르겠어요."

"마지막의 행동은 말하자면 전달이라는 행위의 '목적'이네.

'목적'이 바뀌면 '수단'도 바뀌네.

따라서 마지막에 쓰는 것은……?"

"마지막은 캐치프레이즈, 아니 펀치라인인가요?"

"맞네. 마지막인 행동을 유도할 수 있는 문구를 생각하는 것은 마지막이네.

우선 마지막부터 생각하라. 그러면 저절로 답이 나올 걸세."

아이무는 다시 한번 미키바시의 안내문을 들여다보았다.

(마지막부터라…….)

다음으로 야시로의 수업 중에 메모한 노트를 다시 한번 훑어보았다.

행동 : 좁혀서 행동하게 한다

(좁힌다……?)

뻐대를 다시 생각하라

미키바시의 안내문은 SNS를 통해 사전 오픈 기간 중에 가족이나 친구들의 방문을 유도하기 위한 것이었다.

> 많은 분의 성원에 힘입어, 2월 24일 17:00.
> '고기대장 아카사카'를 오픈하게 되었습니다.
>
> 사랑하는 고향 군마를 살린다!
> 사람과 사람을 웃는 얼굴로 연결하는 장을 만든다!
> '음식으로 웃음을 만든다'라는 콘셉트로
> 지금까지 군마 지역을 고집하며, 사람과 사람과의 만남을 중요하게 생각하는 매장을 운영해왔습니다.
> 그런데 거듭되는 코로나의 영향으로 지금까지 우리가 소중히 여겼던 것이 진짜 옳은 것이었을까? 우리가 지향해야 할 길은 맞는가? 솔직히

길을 잃을 뻔한 적도 여러 번 있었습니다.

하지만 많은 분의 응원에 힘입어 지난해 하반기부터 회복의 조짐이 보이기 시작했습니다. 그런 와중에 또다시 감염 확대. 그리고 얼마 지나지 않아 확산 방지 조치가 이어졌습니다.

그 때문에 다시 원점으로 돌아갔고, 앞이 보이지 않고 밑바닥을 향하고 있을 때, 아카사카 출점에 관한 제안을 듣게 되었습니다.

분명, 엄청난 각오가 필요한 도전이라는 것을 알고 있습니다.

이런 어려운 시기에 도쿄 최고의 고깃집 격전지인 아카사카에서 가게를 오픈한다는 것은 누가 들어도 무모한 도전이라 생각할 만합니다.

하지만,

모처럼의 인연을 헛되이 보내면 안 된다!

아무것도 하지 않고 가만히 있는 것은 우리답지 않다!

군마에서 벗어나서 열심히 해보자! 라며 조직원들과 논의하여 출점을 결심하게 되었습니다.

콘셉트는 '도쿄 한복판에서 군마를 외치다'입니다.

고향 선배와 후배들이 열심히 만드는 귀한 아카기 소고기, 복돼지, 그리고 일본 사케 등 '군마의 맛'을 추구합니다!

갓 수확한 채소를 매장에서 판매하거나, 무료로 시식할 수 있도록 하고, 캠핑장이나 이벤트 등의 정보를 매장에서 공개할 예정입니다.

군마현을 홍보하고 도쿄에서의 군마현 안테나숍의 역할을 한다는 각오로 가게를 운영할 생각입니다.

그렇지만 아무것도 모르는 도쿄,

결코 만만치 않다는 것을 잘 알고 있습니다.

그러니 저희의 무모한 도전을 꼭 응원해주시길 바랍니다.
그만큼 절실합니다!
많은 관심 부탁드립니다.

아이무의 고민은 안내문의 문장이 길고 쉽게 읽히지 않는다는 것이었다.

게다가 읽는 사람이 무엇을 어떻게 해야 할지 알 수가 없었다.

(이러면 아무도 오지 않겠구나. 우선 글의 골격과 구조를 다시 생각해봐야 할 것 같다.)

야시로에게 배운 것을 생각하며, 전체 글을 4개로 나누어보았다.

→ 매력적인 펀치라인(첫 번째)

첫 두 줄은 날짜가 들어가 있고, 개점 선언을 하고 있어서 조금 갑작스러움이 있다.

(상대를 생각하라.)

재미있는 도입이 필요하다.

그렇다면 친구들이 관심을 가질 수 있도록 하는 펀치라인을 짜보자.

많은 분의 성원에 힘입어, 2월 24일 17:00.
'고기대장 아카사카'를 오픈하게 되었습니다.

사랑하는 고향 군마를 살린다!
사람과 사람을 웃는 얼굴로 연결하는 장을 만든다!
'음식으로 웃음을 만든다'라는 콘셉트로
지금까지 군마 지역을 고집하며, 사람과 사람과의 만남을 중요하게 생각하는 매장을 운영해왔습니다.
그런데 거듭되는 코로나의 영향으로 지금까지 우리가 소중히 여겼던 것이 진짜 옳은 것이었을까? 우리가 지향해야 할 길은 맞는가?
솔직히 길을 잃을 뻔한 적도 여러 번 있었습니다.
하지만 많은 분의 응원에 힘입어 지난해 하반기부터 회복의 조짐이 보이기 시작했습니다. 그런 와중에 또다시 감염 확대. 그리고 얼마 지나지 않아 확산 방지 조치가 이어졌습니다.
그 때문에 다시 원점으로 돌아갔고, 앞이 보이지 않고 밑바닥을 향하고 있을 때, 아카사카 출점에 관한 제안을 듣게 되었습니다.
분명, 엄청난 각오가 필요한 도전이라는 것을 알고 있습니다.
이런 어려운 시기에 도쿄 최고의 고깃집 격전지인 아카사카에서 가게를 오픈한다는 것은 누가 들어도 무모한 도전이라 생각할 만합니다.
하지만, 모처럼의 인연을 헛되이 보내면 안 된다!
아무것도 하지 않고 가만히 있는 것은 우리답지 않다!
군마에서 벗어나서 열심히 해보자! 라며 조직원들과 논의하여 출점을 결심하게 되었습니다.
콘셉트는 '도쿄 한복판에서 군마를 외치다'입니다.

고향 선배와 후배들이 열심히 만드는 귀한 아카기 소고기, 복돼지, 그리고 일본 사케 등 '군마의 맛'을 추구합니다!
갓 수확한 채소를 매장에서 판매하거나, 무료로 시식할 수 있도록 하고, 캠핑장이나 이벤트 등의 정보를 매장에서 공개할 예정입니다.
군마현을 홍보하고 도쿄에서의 군마현 안테나숍의 역할을 한다는 각오로 가게를 운영할 생각입니다.
그렇지만 아무것도 모르는 도쿄,
결코 만만치 않다는 것을 잘 알고 있습니다.

그러니 저희의 무모한 도전을 꼭 응원해주시길 바랍니다.
그만큼 절실합니다!
많은 관심 부탁드립니다.

매력적인 달콤함이 없다

'내'가 주어로, 상대에게 다가가지 못한다

상대를 움직이게 하는 이유가 없다

행동이 애매하다

→ 공감 (두 번째)

안내문의 전반부는 '공감'에 해당하는데,

지금은 주어가 전부 미카바시의 생각으로만 가득하다.

이렇게 되면 아무도 글을 읽지 않을지도 몰랐다.

(상대방을 주어로 삼아 이야기한다.)

그래, 읽는 사람을 주어로 삼아 짧은 문장으로 끌어들인다.

→[납득 (세 번째)]

중반 이후부터는 읽는 사람이 움직일 수 있는 이유를 만들어주어야 한다.

생각이나 추상적인 계획만으로는 읽는 이에게 동기가 될 수 없다.

(동기를 부여하자.)

좋아, 뭔가 인센티브를 주자.

→[행동 (네 번째)]

마지막의 **'행동'**에 해당하는 부분은 '응원해주세요'라는 지극히 추상적인 문구다.

'응원이 열심히 깃발을 흔들어달라는 건가?'와 같이 해석이 제각각이기 때문이다.

(좀 더 좁혀라.)

아이무의 마음속 목소리가 속삭였다.

사전 오픈 기간은 언제?

2월 24일부터 2월 28일까지 5일간이다.

이 기간에 가게에 방문해달라는 것을 분명하게 표시하자.

아이무는 야시로의 레슨 덕분인지

1년 전에는 몰랐던 문장의 좋고 나쁨이 어렴풋이 보이기 시작했다.

대략적인 골격을 그린 다음 하룻밤 사이에 문장을 수정했다.

> 남자, 기미하시로부터 부탁이 있습니다
>
> 친구 여러분!
>
> "이것만큼은 반드시 이겨야 한다."
>
> 이런 승부를 걸었던 적은 없습니까?
>
> 지금 제가 바로 그 한 가운데 있습니다.
>
> "이거 뭐야! 맛있다!"
>
> 오로지 그런 감상을 느꼈으면 하는 마음으로
>
> 도쿄의 아카사카에 새 야키니쿠(고깃집) 가게를 오픈하기로
>
> 결심했습니다.
>
> 그렇습니다. '아카사카'라는 고급 야니키쿠 격전지에 말입니다.

● 그래서 부탁이 있습니다

2/24~2/28 기간 중, 가까운 분들만을 대상으로 사전 오픈을 할 예정입니다.

이 기간에 꼭 방문해주시길 바라겠습니다.

사전 오픈 기간 중, 친구들만을 위한 특전이 있습니다.

'SNS을 본 미키하시의 친구입니다'라고 말해주시면,

가장 인기 있는 메뉴인 '아카기 소고기 맛있는 로스' 한 접시를 무료로 드립니다(친구 한정).

맛있는 고기, 의욕 넘치는 스태프들이 2/24~2/28 방문을 진심으로, 진심으로, 진심으로 기다리겠습니다!

● 예약

이 게시물에 대해 댓글 달아주세요. 예약을 기다리겠습니다.

고기대장 아카사카점

http://○○○□□□△△

장소는 치오다선, 아카사카역에서 도보 1분

나보쿠선, 다메이케산노우역에서 도보 5분

마루노우치선, 아카사카미츠케역에서 도보 10분입니다.

미키바시 마사오

오랜만의 밤샘으로 피곤했지만 기분은 상쾌했다.

수정한 글을 미키바시에게 보내고 아이무는 잠이 들었다.

말로 바뀐다, 말이 바꾼다

휴일이기도 했지만, 그보다는 밤을 새운 탓에 점심 무렵 일어났다.

부재중 전화가 쌓여 있었는데, 전부 미키바시에게서 온 전화였다.

(아! 밤새 쓴 글에 대한 문의겠군. 점심 먹고 나서 전화해야겠다.)

멍하니 낮 뉴스를 보면서 컵라면 두 개를 먹었다. 그 사이 10분 간격으로 미키바시에게 전화가 왔다.

"아이무! 큰일 났어! 그 게시물이, 그 게시물이……! 당장 내 SNS 봐봐!"

그렇게 말하고 전화를 끊었다.

서둘러 미키바시의 게시물을 보니 놀라운 광경이 펼쳐져 있었다.

'좋아요'도 그렇고, 댓글에 예약이 줄을 잇고 있었다. 그 수가 500개가 넘었다. 사전 오픈 예약만 무려 500건!?

그 기쁜 소식을 전하고 싶어서 전화를 걸었지만, 또 수없이 걸려 오는 예약 접수 전화를 받아야 해서 그렇게 정신없이 전화를 끊었다는 사실을 뒤늦게 깨달았다.

그날 밤, 미키바시의 권유로 군마와 도쿄를 연결한 온라인 회의를 했다.

"아이무, 너한테 정말 고마워.

그런데 깜짝 놀랐어. 문장을 수정했을 뿐인데

그렇게 엄청난 반응이 있을 줄은 몰랐어."

"아니에요. 선배의 인품이 좋아서 그런 거죠.

다만, 미키바시가 작성한 글이었다면

이런 반응이 없었을지도 모르죠."

"그래, 그래, 앞으로 가게의 미래와 관련이 있어서 네 이야기를 듣고 싶었어.

도대체 어떻게 그런 글을 쓸 수 있었어?"

아이무는 다시 쓴 글의 수정된 부분을 화상으로 공유하며 설명을 시작했다.

→ 매력적인 펀치라인(첫 번째)

첫 부분의 '**부탁이 있습니다**'는 야시로에게 배운 비장의 문구였다.

'사람이 가장 호감을 느끼는 상대는 자신이 방금 부탁을 들어준 상대방[24]'이라는 심리 상황에서 비롯된 것이다.

여기는 전체를 쓰고, 마지막에 정리하는 부분이다.

→ [공감 (두 번째)]

글을 쓰는 사람이 주어가 되어 자신이 하고 싶은 말만 하면 상대

---

24 로버트 코리아, 《전설의 카피라이팅 실천 바이블》, 다이아몬드사, 2011

남자, 기미하시로부터 부탁이 있습니다

친구 여러분!

"이것만큼은 반드시 이겨야 한다."
이런 승부를 걸었던 적은 없습니까?
지금 제가 바로 그 한 가운데 있습니다.
"이거 뭐야! 맛있다!"
오로지 그런 감상을 느꼈으면 하는 마음으로
도쿄의 아카사카에 새 야키니쿠(고깃집) 가게를 오픈하기로
결심했습니다.
그렇습니다. '아카사카'라는 고급 야니키쿠 격전지에 말입니다.

● 그래서 부탁이 있습니다

2/24~2/28 기간 중, 가까운 분들만을 대상으로 사전 오픈을
할 예정입니다.
이 기간에 꼭 방문해주시길 바라겠습니다.
사전 오픈 기간 중, 친구들만을 위한 특전이 있습니다.
'SNS을 본 미키하시의 친구입니다'라고 말해주시면,
가장 인기 있는 메뉴인 '아카기 소고기 맛있는 로스' 한 접시를
무료로 드립니다(친구 한정).
맛있는 고기, 의욕 넘치는 스태프들이 2/24~2/28 방문을
진심으로, 진심으로, 진심으로 기다리겠습니다!

● 예약

이 게시물에 대해 댓글 달아주세요. 예약을 기다리겠습니다.
고기대장 아카사카점
http://○○○□□□△△△
장소는 치오다선, 아카사카역에서 도보 1분
나보쿠선, 다메이케산노우역에서 도보 5분
마루노우치선, 아카사카미츠케역에서 도보 10분입니다.

미키바시 마사오

부탁으로 끌어당긴다

상대방을 주어로 놓고 이야기한다

상대를 움직일 수 있는 제안을 준비한다

행동을 좁혀서 구체화한다

방의 '공감'을 끌어내지 못한다.

읽는 사람이 주어가 되는 질문을 해야만 첫 번째 단추가 잘 채워지고, 그 후의 흐름이 좋아지며 '공감'을 이끌어낼 수 있다.

→ 납득 (세 번째)]

맛에 대한 자신감을 설명한 후, 방문 조건으로 인기 메뉴 한 접시를 무료로 준다. 게다가 '친구 한정'이라는 문구로 특별함을 강조한다. 이 부분은 '가지 않을 이유'를 없애기 위해 필요한 부분이다.

→ 행동 (네 번째)]

수정 전 '응원해주십시오'는 너무 추상적이었다.

구체적인 행동으로 '예약은 댓글로 남겨주세요'라고 좁힘으로써 읽는 사람이 무엇을 하면 되는가?

'작은 스위치 버튼을 누르기만 하면 된다' 이 정도로 좁히는 것이 요령이다.

"이거, 정말 알기 쉽네! 너 역시 대단해!"

아이무는 미키바시의 생각을 들으며, 자신의 설명이 체계화되어 가는 것을 느꼈다.

칼럼

가슴이 뛰는 말의 메커니즘

'**전달한다**'라는 행위의 끝에는 항상 '**상대방**'이 존재합니다.

그 상대방을 감동시키고 무언가 행동을 하게 만드는 것이 최고의 목표라면, 그것을 위한 수단이 예쁜 말뿐일까요?

지저분한 말이 수단이 될 순 없는 걸까요?

예쁜 말이어야 하는가, 지저분한 말이어도 괜찮은가?

사실 저 역시 이에 대한 답을 가지고 있지 않습니다.

다만 직업상 대량의 카피라이팅을 첨삭하거나, 수많은 수강생의 프레젠테이션을 평가하다 보면, '**무게가 실린 말**'은 읽어도 들어도 알 수 있습니다.

반면 '**무게가 실리지 않은 피상적인 말**'도 구분할 수 있습니다.

이 둘의 차이는 예쁘게 꾸며져 있는가, 지저분하게 더럽혀져 있는가가 아니라 **진심이 담겨 있느냐**의 차이입니다.

다음에 진심이 담겨 있으면서도 기술적으로 훌륭한 예시를 들어 보겠습니다.

고마워요, 페라리.
고마워요, 로터스.
고마워요, 브라밤.
고마워요, 맥라렌.
고마워요, 르노.
고마워요, 메르세데스.
고마워요, 토요타.

처음 F1에 도전했던
1964년의 그날부터 오늘까지,
모든 라이벌에게 감사합니다.
응원해준 모든 분들,
모든 드라이버,
힘든 싸움을 함께 헤쳐나온
레드불, 알파타우리,
모든 동료들에게 감사합니다.

그럼, 마지막으로 다녀오겠습니다.

HONDA

이것은 F1 아부다비 그랑프리 결승전을 앞둔 2021년 12월 12일 아침, 혼다의 공식 트위터와 니혼게이자이신문에 게재된 광고입니다.

1964년, F1에 처음 출전한 혼다는 2021년 시즌을 끝으로 F1에서 철수를 결정했습니다.

마지막 레이스 직전, 출전을 기다리는 머신의 뒷모습과 함께 가슴 뭉클한 문구가 적혀 있습니다.

혼다가 거론한 이름들은 말 그대로 목숨을 건 전장에서 서로 부딪히며 경쟁을 한 관계입니다.

그런 라이벌에 대한 감사의 메시지와 함께 마지막 전장으로 향하는 담담한 문장은 결과[25]와 함께 큰 반향을 불러일으켰습니다.

---

25 마지막 레이스였던 아부다비 GP에서는 1주일을 남기고 레드불 혼다가 역전승으로 마지막을 장식했다.

혼다자동차 홍보부 모터스포츠 담당자는 "왜 라이벌에 대한 감사를 전하는 광고를 만들었는가"라는 기자의 질문[26]에 대해 다음과 같이 답했습니다.

> "F1에 도전하는 이유는 단순히 레이스에서 승리해서 명성을 얻기 위해서가 아니라, 세계의 정상을 목표로 하는 과정에서 인간과 기술을 연마하는 데 있습니다. 실제로 라이벌 메이커들과 경쟁하는 과정에서 단련된 사람과 기술을 제품 개발에 활용함으로써 지금까지 혼다와 성장해왔습니다."

> "함께 경쟁했던 그들이 없었다면 혼다가 고객의 기쁨을 실현하는 존재가 될 수 없었을 것이라고 생각합니다. 이런 배경으로 '감사'를 전하는 내용을 담게 되었습니다."

그리고, 주목해야 할 것은 담당자의 다음 말입니다.

> "이번 시즌을 끝으로 혼다는 F1을 떠나지만, 우리의 도전은 계속될 것입니다. 모터스포츠 활동뿐만 아니라 모든 고객님을 설레게 할 수 있는 존재가 될 수 있도록 최선을 다하겠습니다. 앞으로도 계속 응원해 주시면 감사하겠습니다."

(출처 : 2021년 12월 14일자 J-CAST뉴스 사토쇼노스케 기자 작성)

---

26 2021년 12월 14일 자 J-CAST 뉴스(https://www.j-cast.com/2021/12/14427100.html?p=all158에서)

특히 담당자의 '모든 고객'에 주목합시다.

이 답변을 풀어보면,

'누구에게' = 모든 고객

'무엇을' = 감사

즉, **'고객(누구에게)'에게 '감사(무엇을)'** 한다는 것을 알 수 있습니다.

눈치채셨나요?

'누구에게'는 그들만이 아니었습니다.

강적이었던 '페라리'나 동종업계인 '토요타'도, 엔진을 공급하는 '레드불'도,

레이스의 주인공이었던 '드라이버'만이 아니었습니다.

레이스에 참여한 그들에게 전하는 말이기도 하지만,

그 너머에 있는 **'누군가'**에게 **'감사'**를 전하고 있었던 것입니다.

그 '누군가'는 바로 '모든 고객'이었습니다.

F1에서 혼다의 승리에 환호하는 '혼다 유저와 전 세계의 모터스포츠 팬'을 향한 '감사'의 말이었습니다.

그런데 이 문구를 기술적으로 분석해보면, 17행에 이르는 문장은 2개의 요소(문구)로 구성되어 있습니다.

감사의 반복적 열거(고마워요)
앞으로의 행동 선언(마지막으로 다녀오겠습니다)

즉, 메인 메시지는

'고맙습니다. 마지막으로 다녀오겠습니다.'

이것입니다.

그 마음을 전하기 위해 '고마워요'를 8번이나 반복하고 있는 것입니다.

그렇다면 이것을 흉내 내 재현할 수 있는 방법은 없을까요?

(아니, 이건 혼다니까 가능한 거겠지.)

이렇게 생각해버리면 도라 씨의 '2분 만에 연필을 판다'도 자신만의 방식으로 응용하지 못할 것입니다.

문법은 그대로 두고 자신의 말로 바꿔봅시다.

예를 들어, 이런 상황이 있다고 생각해봅시다.

이별의 말
일신상의 사정으로 지금까지 많은 신세를 진 곳에서 떠나게 되었다.
마지막 이별 모임에서 어떤 센스 있는 말을 해야 할까?

전근, 이직, 졸업 등 만남이 있으면 헤어짐이 있습니다.

마지막만큼은 센스 있는 말로 마무리하고 싶은 것이 인지상정입니다.

자신의 발자취를 조금이라도 남기고,
바라건대 아쉬운 마음으로,
하지만 촌스럽게 눈물을 흘리는 일 없이
센티멘털한 말을 남기고 싶다.

음, 상당히 어려운 요청이네요.

이럴 때는 혼다의 카피를 따라 해보는 건 어떨까요?

예를 들어, 오랫동안 몸담았던 부서에서 멀리 떨어진 곳으로 전근을 가게 되었을 때 이런 말로 대체해보십시오.

고마운 분들께

오야마 부장님, 그동안 많은 도움을 주셔서 감사합니다.
야마다 과장님, 언제나 신경을 써주셔서 감사합니다.
후지에 계장님, 맛있는 걸 사주셔서 감사합니다.
마사 씨, 조언해주셔서 감사합니다.
니시, 항상 감사합니다.
요이치, 언제나 고마워!
아오키, 땡큐!
사업부 여러분,
고마워요.

이 부서에 와서 오늘까지 10년 조금 넘는 시간.
신입사원 시절부터 함께 일한 모든 거래처,
무리한 부탁을 들어준 모든 외주업체,
맛있는 밥을 만들어주신 식당 아주머니들,
모든 분께 감사합니다.

여러분, 모두 건강하세요. **이제 본사 영업부로** **가게 되었습니다.** **혼다 타로**

일단은 센티멘털하면서도 장황하지 않은, 가슴 뭉클한 문장이 된 것 같지 않으십니까.

그렇다면 구체적으로 어떻게 한 것일까요?

'페라리', **'맥라렌'**과 같은 라이벌을
'야마다 과장님', **'요이치'**처럼 고마운 분들로 변환했고,

'고마워요'를,
'감사합니다' 등의 복수의 동의어로 바꿨으며,

'그럼, 마지막으로 다녀오겠습니다'를,
'이제 본사 영업부로 가게 되었습니다'
로 바꾸었을 뿐입니다.

여기에 **노력이 필요했을까요?**

아니, **전혀 필요하지 않았습니다.**

훌륭한 모범(혼다의 사례)이 있었기 때문입니다.

수천 장의 카피를 쓰고, 수십만 자를 짜 맞추며,

책을 집필할 때마다 항상 통감하는 것이 있습니다.

백지에 글을 써 내려간다는 것은 정말 힘든 일이라는 것을 말입니다.

엄청난 노력이 필요한 일입니다.

잘 쓴 카피는 단번에 눈에 띄고, 가슴에 와닿을 수 있도록 많은 노력을 기울여 만들어집니다.

잘 알려지지 않았지만 거기에는 일정한 '틀'이 있습니다.

그 '틀'을 모범으로 삼아 흉내를 내야 합니다.

백지상태에서 장황하지 않고 센티멘털한 글을 쓰면 많은 노력에도 불구하고 별 볼 일 없는 글이 될 것입니다.

그렇다면, 좋은 예시를 따라 해보는 건 어떨까요?

별다른 노력 없이도 가슴 뭉클한 문장이 나올 것입니다.

제6장

상황에 맞게 활용하라

아이무, 전달법의 법칙을 체계화하다

봄 : 변신(變身)

3월 초순.

고향 선배의 고깃집 사전 오픈이 성황리에 끝났다.

아이무는 가게 주인인 미키바시에게 다시 한번 감사 인사를 받아서 정말 기뻤다.

덕분에 아이무도 자신감을 얻었다.

앞만 보고 달려온 시간을 돌이켜보니 정말 많은 일이 있었다.

1년 전,

말이 장황하다는 이유로 승진에서 탈락한 좌절감에, 자포자기 상태로 야시로를 만났다.

이후 '전달 방법'을 바꾸는 것을 과제로 삼고, 냅킨에 적었던 가르침을 실행에 옮겨 대형 프로젝트 수주에도 성공했다.

앞으로 2주가 지나면 승진 여부를 알 수 있겠지만 이제 승진이 더는 중요하지 않았다. 말로 결과를 바꿀 수 있다는 것을 깨달았기 때문이었다.

야시로에게 받은 마지막 숙제야말로, 자신이 해결해야 할 가장 중요한 일이었다.

그 숙제는 한 달 전에 주어졌다.

✦

2월 하순.

아이무가 작성한 고깃집 광고문이 매우 좋은 반응을 얻었다는 것을 야시로에게 보고했다.

"꽤 잘 만들었네. 전달 방법에 대해 이제 다 배운 것 같군."

"아니요. 아직 멀었어요!

좀 더 익혀서 제 안에서 체계화해야 의도한 대로 자유자재로 말을 전달할 수 있을 것 같아요. 어떻게 해야 체계화할 수 있을까요?"

"자신의 실력이 늘었는지 아닌지를 판단하는 하나의 기준이 바로 '**체계화**'라네. 체계화는 알기 쉽게 하나로 정리하는 것인데, 완전하게 이해한 사람만이 가능한 일이네."

"그렇군요. 몇 번이고 가르침에서 멀어졌지만, 결국 그 **냅킨 한 장의 가르침**으로 귀결되는군요."

"체계화에 도전하고 싶다면 숙제를 하나 내겠네.

이거 기억하나?"

그렇게 말하면서 야시로는 온라인으로 화면을 공유했다.

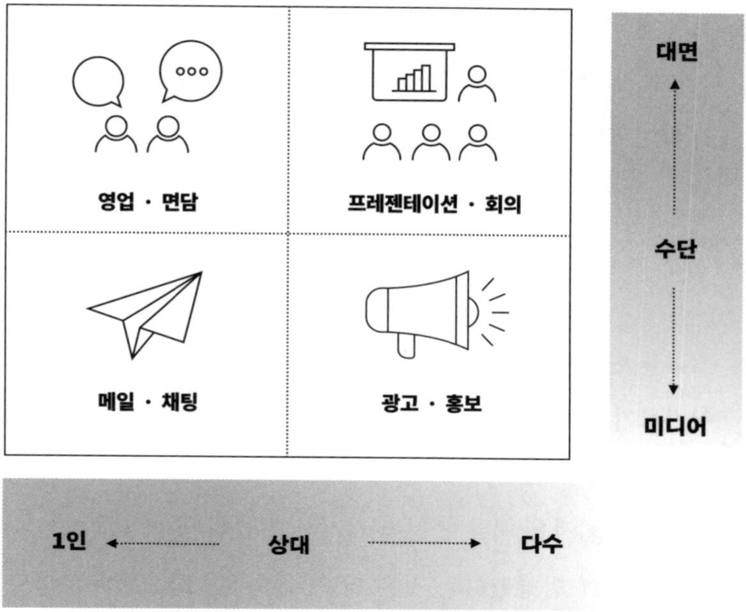

"이건 '전달 방법을 실천하는 4가지 장면' 아닙니까?

왼쪽 위는 한 명에게 대면으로 전달하는 **'영업 · 면담'**

왼쪽 아래는 한 명에게 미디어를 통해 전달하는 **'이메일 · 채팅'**

오른쪽 위는 다수에게 대면으로 전달하는 **'프레젠테이션 · 회의'**

오른쪽 아래는 다수에게 미디어로 전달하는 **'광고 · 홍보'**

라고 기억하고 있습니다."

"아주 잘 기억하고 있군. 그래서 숙제가 무엇이냐 하면, 이 4가지 상황마다 '공감, 납득, 행동'의 말을 만들어보게.

만약 잘 만들면 내가 교육 자료로 채택하겠네.

지금까지 배운 것이 정말 자신의 것이 되었는지, 체계화할 수 있는지 확인해보지 않겠나?"

✦

정확히 한 달이 지나고 야시로에게 숙제 검사를 받는 날이었다.

야시로가 교육 자료로 채택하겠다고 한 말이 계속 머릿속을 맴돌았다.

아이무의 회사를 비롯해 전국 각지의 기업에서 강의를 하는 야시로의 교재에 반영된다는 것은 많은 수강생이 참고한다는 것을 의미했다.

그만큼 잘하고 싶은 욕심이 나는 일이기도 했다.

아이무는 자신이 만든 자료를 다시 한번 훑어보며 최종 점검을 했다.

자료에 미비한 부분이 없는지 살피고 책상 앞에 거울을 놓았다.

눈앞에 있을 수강생들을 의식하며 강사가 된 기분으로 설명을 시작했다.

영업 · 면접에서는 이렇게 사용하라!

한 명의 상대와 직접 대면하여 전달하는 것이 **'영업·면담'**이다.

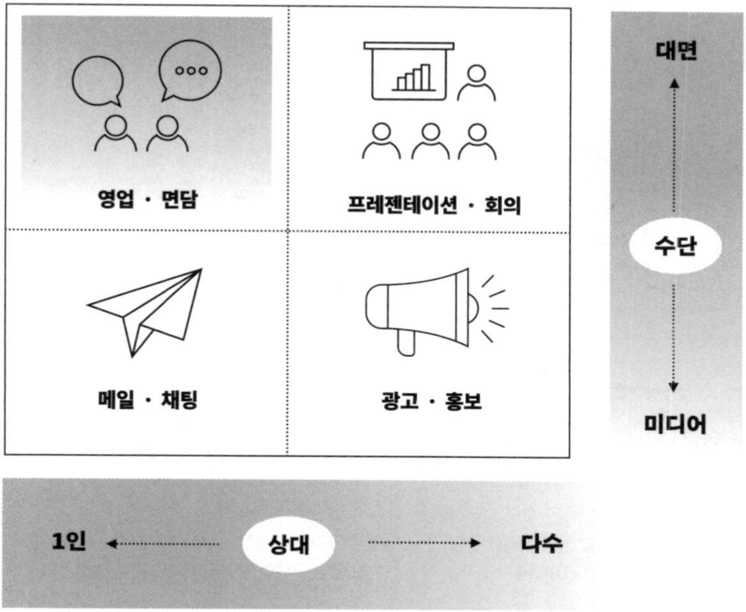

이 장면의 특징은 상대방이 **단수**로 특정되어 있다는 것.

따라서 특정 상대를 파악하는 것이 중요해집니다.

또한, 대면이기 때문에 글이 아닌 **말**로 소통합니다.

이번에는 신규 영업을 위한 상담으로, 우선 자사 제품을 무료 모니터해달라고 하는 것을 목표로 합니다.

생각하는 것은 먼저 '행동'부터 시작해야 합니다.

그렇습니다. 공감부터 생각하는 것이 아니라, 마지막인 행동부터 생각하는 것입니다.

바로 행동으로 옮길 수 있는 작은 스위치 버튼을 마련하는 것부터 시작합니다.

신규 상담에서 우선은 자사 제품을
무료 모니터해달라고 하는 것이 목표

	포인트	예시
공감	상대방의 관심사에 귀 기울이기	이야기를 들어보니 ○○이 부족하면 정말 곤란할 것 같네요.
납득	실적 및 생생한 의견 등의 데이터	그러면 □□은 어떠십니까? 얼마 전 비슷한 고민을 가진 분이 고민이 해결되었다고 기뻐했습니다.
행동	바로 행동에 옮길 수 있는 스위치 버튼을 준비	시험삼아 무료 모니터해보지 않으시겠습니까? 언제 가져다 드릴까요?

이 장면은 고객과 첫 대면하는 신규 상담입니다.

처음부터 갑자기 구매를 유도하거나 계약을 노리지 말고, **자사의 무료 모니터 제품을 사용**해보도록 유도해봅시다.

여기서는 **'작고 좁은 행동 버튼'**을 설정하는 것이 매우 중요합니다.

'크고 넓은 행동 버튼'은 상대방을 움직이지 못합니다.

더 심각한 것은 이 마지막 행동, 즉 상대방이 최종적으로 어떤 행동을 할 것인지에 대한 고민 없이 상담을 시작하는 것입니다.

그렇게 되면 상대방의 페이스에 휘둘려 자신의 목표를 놓치게 됩니다.

다음으로 생각해야 할 것은 **'공감'**입니다. 영업의 경우, 아무래도 대화의 모두에서 자기 회사의 소개나 상품 판매에 대한 이야기를 하기 마련입니다.

만약, 그렇게 되었다면 상대방의 표정을 잘 살펴보기 바랍니다. 관심이 없으면 미묘하게 뒤로 빼는 듯한 표정일 것입니다.

이 부분은 사전에 정보를 잘 알아본 후 질문을 던지고, 공감할 수 있는 포인트를 찾아서 말로 표현해야 합니다.

여기서 얼마나 공감을 얻느냐에 따라 이후의 흐름이 달라집니다.

그리고 **'납득'**입니다.

이제 드디어 제안입니다.

제안 내용이 얼마나 '공감'과 연결되는지, 상대방의 고민을 제대로 해결하고 있는지를 제안해야 합니다.

그리고 그 제안을 **정량적(실적치)** 또는 **정성적(고객의 목소리)**으로 근거를 제시하여 설득력을 높여야 합니다.

프레젠테이션·회의에서는 이렇게 사용하라!

복수의 상대와 대면하여 전달하는 것이 '**프레젠테이션 · 회의**'입니다.

이 장면의 특징은 상대방이 **불특정 다수**라는 점입니다.
앞의 영업, 면담과 다른 점은 상대방이 많다는 것입니다.
한 명의 상대와 대면으로 전해도 어려운 일인데,
누구인지 모르는 여러 명이 대상이라니.
당연히 그만큼 난이도도 높아집니다.
다양한 성향을 가진 사람 모두를 만족시키는 것은 불가능하기 때문입니다.
그나마 상대가 보이는 대면이라는 점을 잊지 마십시오.

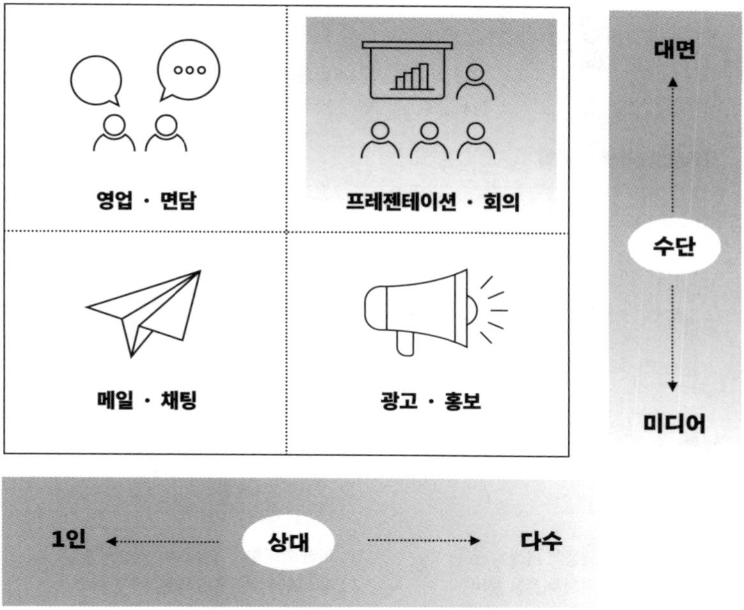

이런 경우 상대를 정하는 방법에는 두 가지가 있습니다.

첫 번째는 다수의 사람 중에서 전달하고자 하는 사람을 한 명으로 좁히는 것입니다.

두 번째는 다수의 **최대공약수적 평균 모델**의 상대를 설정하는 것입니다.

또한, 대면이기 때문에 영업, 면담과 마찬가지로 **말**로 소통합니다.

프레젠테이션 · 회의

지난 회의의 지적사항을 수정하여
정식으로 승인받는 것이 목표

	포인트	예시
공감	상대방의 관심사에 귀 기울이기	지난 회의에서 지적받은 사항은 너무나 당연한 지적이어서 직원들 모두 반성하고 있습니다.
납득	실적 및 생생한 의견 등의 데이터	지적사항을 해결하여 예전 대비 150%까지 개선하였습니다.
행동	바로 행동에 옮길 수 있는 스위치 버튼을 준비	더 이상 기다릴 수 없습니다. 결재 전에 이 자리에서 다수결로 의결해주십시오.

모든 것의 우선은 **'행동'**입니다.

이번에는 그 자리에서 결정, 즉 안건이 결정되는 것을 목표로 합니다.

따라서 **'작고 좁은 행동 버튼'**은 손을 들도록 하는 것입니다.

다음의 '공감'은 시리즈 회의이기 때문에 지난 회의의 복기부터 진행합니다.

지난번에는 어떠했는지를 회상하며 기억을 불러옵니다.

그리고 '**납득**'에서는 근거를 들어 개선안을 설명합니다.

메일 · 채팅에서는 이렇게 사용하라!

미디어를 통해 한 명의 상대에게 전달하는 것이 '**메일 · 채팅**'입니다.

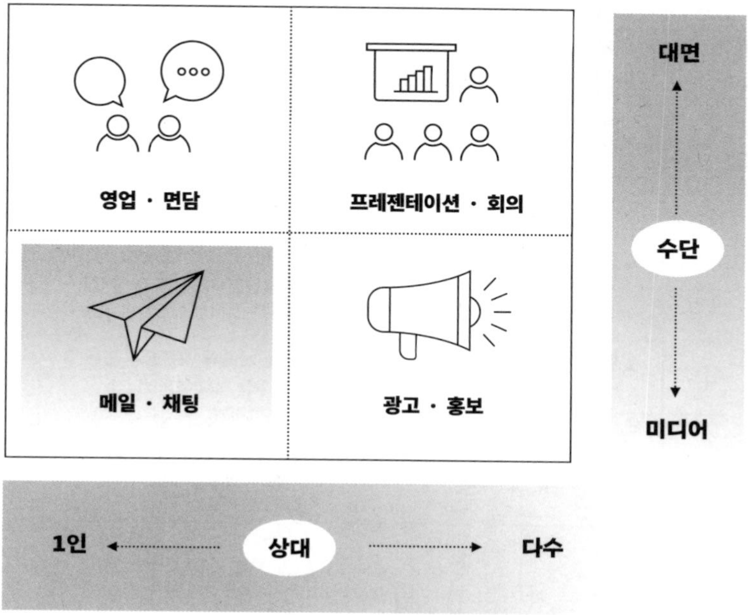

이 장면의 특징은 상대방이 **단수로 특정**되어 있다는 점입니다.

특정 상대를 **파악하는** 것이 중요하다는 점은 영업이나 면담과

동일합니다.

다른 점은 미디어를 사용한다는 것과 글을 써서 소통한다는 점입니다.

이번에는 회사 내에서 직원 교육을 담당하는 인사총무 담당자가, 새로운 교육 도입에 대해 담당 임원과 약속을 잡는 것을 목표로 합니다.

메일 · 채팅

바쁜 임원과 약속을 잡는 것이 목표

	포인트	예시
공감	상대방의 관심사에 귀 기울이기	지난번 사장님께서는 당사 직원에게 ○○스킬이 부족하다고 말씀하셨습니다.
납득	실적 및 생생한 의견 등의 데이터	그래서, ○○스킬을 개선할 수 있는 □□ 교육을 개최 예정입니다.
행동	바로 행동에 옮길 수 있는 스위치 버튼을 준비	상세한 상담을 위해 ○월 □일에 15분 정도 시간을 내주실 수 있으십니까?

임원의 상사는 당연히 사장입니다.

기본적으로 사장의 말에 따라야 하기 때문에,

'공감'에 사장의 말을 끌어옵니다.

그러면 반대 의견을 내기 어렵게 만드는 효과도 있습니다.

다음의 **'납득'**에서는 사장이 우려하는 점을 해소할 수 있는 제안을 제시합니다.

어떻게 해소할 수 있을까요?

선정 방법, 실적 등의 근거를 제시하면 설득력이 높아집니다.

광고 · 홍보에서는 이렇게 사용하라!

복수의 상대방에게 미디어를 통해 전달하는 것이 **'광고 · 홍보'**입니다.

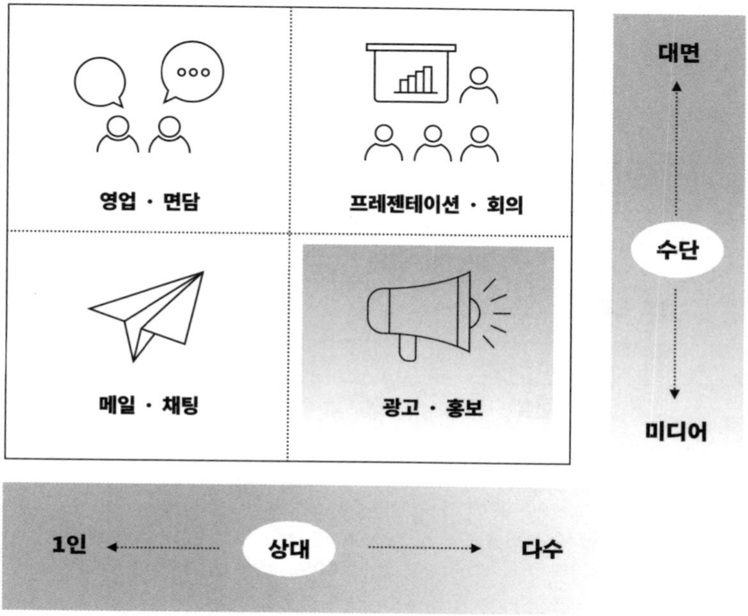

이 장면의 특징은 프레젠테이션이나 회의와 마찬가지로 상대가 **불특정 다수**라는 점입니다.

그렇지만, 프레젠테이션이나 회의와 다른 점이 있습니다.

하나는 글을 사용한다는 것.

나머지는 **고객의 얼굴이 보이지 않는다**는 점입니다.

그래서 프레젠테이션이나 회의에서도 말했듯이 수많은 사람 중에서 전달하고 싶은 사람 한 명으로 좁히도록 해야 합니다.

그것을 **'페르소나'**라고 하는데, 대표적인 한 사람을 대상으로 글을 쓰는 것이 상대방의 마음을 좀 더 쉽게 움직일 수 있습니다.

이번에는 자동차 딜러가 고객의 매장 방문을 유도하는 다이렉트 메일을 가정해보겠습니다.

상위 고객을 매장으로 불러들이는 것이 목표입니다.

광고 · 홍보

자사의 상위 고객을 매장으로 불러들이는 것이 목표

	포인트	예시
공감	상대방의 관심사에 귀 기울이기	당사는 ○○님을 특별한 고객님으로 선정하여 한정 기획을 소개드립니다.
납득	실적 및 생생한 의견 등의 데이터	세계 기준을 충족한 최신 모델이 입고되었습니다. 연비는 50%, 마력은 2배의 성능을 자랑합니다.

행동	바로 행동에 옮길 수 있는 스위치 버튼을 준비	특별 시승회에 방문하지 않으시겠습니까? 선착순 100명에게 정성껏 마련한 선물을 증정합니다.

궁극적인 목표는 시승회에 방문하여 상담을 하고 계약을 맺게 하는 것이지만, 자동차는 고가의 상품으로 계약이 그리 쉽지 않습니다.

그러니 **'행동'**을 작게 좁혀서 매장을 방문하도록 설정합니다. 그러기 위해서 선물을 준비하는 것입니다.

'공감'으로는 상위 고객임을 설명하여 기분을 좋게 만들고,

'납득'에서는 신차의 매력을 다양한 방법을 통해 설명합니다.

✦

3월 중순.

오후에 예년처럼 승진 내정 통보가 있을 예정이었다.

아이무는 1년 전의 일을 떠올렸다.

승진 내정을 오매불망 기다렸다가 보류되었다는 소식을 들은 일.

대형 프로젝트를 타낸 일.

고깃집 선배의 광고 문구 제작을 도와서 큰 성공을 거둔 일.

그리고 그 집대성으로 '전달법 4장면' 프레젠테이션을 마친 후 야시로에게 뜻밖의 말을 들었다.

"야시로 선생님, 4장면의 전달법 어떠셨나요?"

불안한 표정으로 묻는 아이무를 보며 야시로는 빙그레 웃었다.

"음! 잘했네.

냅킨 한 장의 가르침을 완전히 자신의 것으로 만든 것 같군.

이제 매니저로 승진하면 1년 전 자네가 그렸던 인생대로 되지 않을까 싶네."

아이무의 얼굴이 살짝 어두워졌다.

"그런데 사실 승진은 이제 관심이 없어졌어요. 고깃집 선배의 말을 따라서 광고 문구를 작성하고 성공을 경험한 것이 계기가 된 것 같아요.

회사를 그만두고 제가 어디까지 통하는지, 제 말과 글로 세상에 질문을 던져보고 싶습니다."

"그럼 이직을 생각하고 있나?"

"네, 저라는 상품을 세상에 내놓으려고요."

"그건 좀 아니라고 생각하는데……."

아이무는 야시로의 반응에 놀랐다. 그가 찬성할 것으로 생각했기 때문이었다.

"좋아. 우리 회사로 오게. 강사로 데뷔해보지 않겠나?

사실은 고민이 있다네."

야시로의 이야기는 이러했다.

아이무의 실력을 다른 곳에서 시험해보겠다는 의욕은 그것대로 높이 평가한다.

하지만 대형 프로젝트 수주에도 성공하는 등 크게 성장한 아이무가 승진을 앞두고 퇴사하는 것은 회사 입장에서도 그다지 달갑지 않은 일일 것이다.

그래서 야시로 회사에서는 아이무가 만든 4장면 전달법을 교재로 만들어 자사에서 강의하면 지금의 회사에도 보답할 수 있다.

"감사하고 영광입니다. 그런데 고민하시는 일이 무엇입니까?"

"자네가 지난번 경합에서 이긴 업계 최대 규모의 커스터머 재팬에서 전달력 강화에 관한 교육을 의뢰해왔네.

아이무 자네에게 진 것이 상당히 충격이었나 보더군.

그 건 때문에 내가 바빠질 것 같아서, 자네가 도와주면 큰 도움이 될 것 같네."

아이무는 잠시 생각한 후, 야시로의 손을 꼭 잡고 악수를 나눴다.

✦

3월 31일.

사무실 창문을 통해 바라보니 저 멀리 밤 벚꽃으로 물든 공원이 보였다.

그리고 사무실 안에서는 말 잘하기로 소문난 다나카가 자기 부서원 50명을 앞에 두고 여느 때와 다르게 긴장하고 있었다.

"어제부터 새해가 되었습니다만, 떠나보낼 사람을 소개하도록 하겠습니다. 아이무는 오늘부로 우리 회사를 퇴사하게 되었습니다.

몇 번이고 만류했습니다. 매니저 승진이 내정되어 있었음에도 불구하고 이렇게 됐습니다."

모여 있던 사람들 모두가 술렁거렸다.

다나카는 눈물을 삼키며 말을 이어 나갔다.

"그렇지만 아이무를 금방 다시 만날 수 있습니다.

인재교육 회사로 이직하여 회사의 교육 강사로 올 테니까요."

조금 전까지 눈물을 흘리던 스즈키가 손을 들어 환영했다.

"제 부하 아이무에서 모두의 강사 아이무로 바뀌게 되었습니다.

그럼 아이무, 한마디 하게."

사람들이 모두 아이무를 주목했다.

아이무는 주위가 조용해지기를 기다렸다가 천천히 말을 꺼냈다.

많은 도움을 주신 여러분께

고맙습니다, 다나카 매니저님.

고맙습니다, 영업부 여러분.

고맙습니다, 동기 여러분.

고맙습니다, 고객님.

고맙습니다, 라이벌 회사.

처음 이 회사에 입사했던

12년 전 그날부터 오늘까지의

모든 분께 감사드립니다.

응원해주신 모든 분들,

인내심을 가지고 따라와주신 스태프들,

힘들 때나 즐거울 때나 함께한

강사 야시로 선생님, 스즈키 아야,

모든 동료에게 감사합니다.

이제 강사로서

인생을 걸고 승부를 보러 갑니다.

아이무 이치로

아이무의 인사말이 끝나자 따뜻한 박수가 끊이지 않았다.

맺음말

죄송하지만, 맨 처음에 교장 선생님을 **'나쁜 예'**로 소개했다.

마지막으로 같은 무대에 섰던 분의 **'좋은 예'**도 소개하고자 한다.

아주 오래전 어느 초등학교의 가을 운동회.

화창한 날씨지만 여전히 무더위가 기승을 부리던 오전 개회식.

마이크를 잡은 교장 선생님은 어느 때보다 흥분한 모습이었다.

교장 선생님의 이야기는 **1시간**씩이나 이어졌다.

힘에 겨워 주저앉는 아이들이 속출했다.

그 후, 운동회는 즐겁게 끝났다.

오후 폐회식에 등장한 학부모회 대표는 여성이었다.

'또 긴 이야기가 시작되겠군…….'

그렇게 생각했던 여성의 이야기는 교장 선생님의 이야기와는 달리 한 마디 한 마디가 생생하게 기억에 남았다.

도대체 무슨 이야기를 했을까?

줄지어 서 있는 아이들 앞에 선 그녀는 활짝 웃으며 세 손가락을 내밀었다.

"여러분, 오늘은 3가지 좋은 일이 있었습니다."

귀를 기울이는 아이들을 살피며, 갑자기 집게손가락으로 구름 한 점 없는 노을빛 하늘을 가리키며 이렇게 말했다.

"첫 번째! 날씨가 너무 좋았던 것!"

다음으로 V자를 만들면서 이렇게 이어갔다.

"두 번째! 다치지 않은 것!"

아이들은 자신의 몸을 만져보며 확인했다.

그리고 세 손가락을 펼치며 이렇게 덧붙였다.

"세 번째! 모두…… 운동회 즐거웠죠?"

아이들 모두가 손을 들며 힘차게 대답하는 것을 확인하고는

"좋았어! 그럼 모두 조심해서 돌아가자!"

라며 마무리했다.

그녀의 말을 소리 내어 읽어보자.

몇 초가 걸렸을까?

실제로는 30초 만에 끝나버렸다.

교장 선생님의 이야기와 비교하면 120분의 1, 짧은 시간이었다.

'1시간의 나쁜 예'와 **'30초의 좋은 예'**는 선명하게 대비되었다.

둘의 차이는 무엇일까?

시간이 흐른 후에 알게 되었지만,

말하기 전에 '대략적으로 생각했다'는 것이 결정적인 차이점이다.

30초 만에 끝낸 여성은 피곤에 지친 아이들(**누구에게**) 앞에서,

세 가지 짧은 이야기(**무엇을**)를 대략적으로 정한 것이다.

이런 '좋은 예'를 독자들에게 재현할 수 있도록 하기 위해서는 어떻게 해야 할까?

그 해답은 상대방에게 전달되는, 마음에 와닿는 전달 방법을,

'한 장의 메모'로 요약하는 것이었다.

'한 장의 메모'를 머릿속 서랍에서 바로 꺼낼 수 있도록

이 책을 잘 활용했으면 좋겠다.

독자가 **'아이무'**를 **'I'm(나)'**으로 바꿈으로써,

'장황'하게 길었던 말을 '간결'한 짧은 말로 바꾸게 되어

여러분의 새로운 미래가 열릴 수 있다면 더없이 기쁠 것 같다.

마지막으로, 이 책은 많은 분의 도움이 있었기에 출간이 가능했다. 여기에 감사의 뜻을 전하고 싶다.

먼저, 모든 출발점인 이시즈카 켄이로 씨. 책 출간까지 든든한 동반자가 되어준 훌륭한 팀원들, 와타누키 미키히코 씨, 오노 다츠 씨, 와다 이치나리 씨. 10X 카피라이팅 도장을 계속 따뜻하게 만들어주고 있는, ANDRYU 다나카 가츠나리 씨와 그 동료들.

요코하마국립대학교의 야치 히로야스 부총장, 동 대학원 MBA 생, 동 경영학부 '국제시장전략론' 수강생들. 구상 아이디어에 도움을 준 기타지마 아키히로 씨, 미츠하시 마사다카 씨, 시가쇼 히데키 씨, 사와다 다카하루 씨, 야다 다츠히코 씨, 고바야시 유야 씨.

그리고 수많은 책 중에서 이 책을 선택해주신 독자 여러분에게 가장 큰 감사를 전하고 싶다.

여름을 기다리는 호숫가의 별장에서

저자 요코타 이사오

참고 문헌(단행본)

• 横田伊佐男, 《最強のコピーライティングバイブル伝説の名著3部作が1冊に凝縮！国内成功100事例付き》 (ダイヤモンド社), 2016

• ボブ・ストーン＋ロン・ジェイコブス, 《ザ・マーケティング【基本】激変する環境で通用する唯一の教科書》 (ダイヤモンド社), 2012

• ボブ・ストーン＋ロン・ジェイコブス, 《ザ・マーケティング【実践】激変する環境で通用する唯一の教科書》 (ダイヤモンド社), 2012

• ロバート・コリアー, 《伝説のコピーライティング実践バイブル史上最も売れる言葉を生み出した男の成功事例269》 (ダイヤモンド社), 2011

• ジョン・ケープルズ, 《ザ・コピーライティング 心の琴線にふれる言葉の法則》 (ダイヤモンド社), 2008

• ブレント・アダムソン, 《隠れたキーマンを探せ！データが解明した最新 B2B 営業法》 (実業之日本社), 2018